CONSILIA · Lehrerkommentare

Herausgegeben von Hans-Joachim Glücklich

Heft 2

Hans-Joachim Glücklich

Redekunst – Lebenskunst

Ein Rhetorikkurs im Lateinunterricht

2., durchgesehene Auflage

V&R

Vandenhoeck & Ruprecht in Göttingen

Inhaltsverzeichnis

I. BEGRÜNDUNG DES THEMAS UND DER TEXTAUSWAHL

1. Rhetorik – ein Schlüssel zum Verständnis römischen Lebens und römischer Literatur

Rhetorische Haltung ist grundlegend für römisches Reden und Schreiben. Versteht man diese Haltung nicht, versteht man römisches Leben und römische Literatur wahrscheinlich falsch oder nicht vollständig. Das antike Leben war weitgehend von der Mündlichkeit geprägt, und die Römer erfuhren in der Rhetorik, die sie von den Griechen übernahmen und weiterentwickelten, eine Hilfe zur Orientierung und Bewährung in einer sich wandelnden Welt. So begann es im 2. Jahrhundert nach der stürmischen Aufbauphase des Römischen Reiches, und so blieb es über mehrere Jahrhunderte. Es gab keine Massenmedien, die Rede und Gespräch ersetzten oder zurückdrängten.
Stilistische Eigenheiten waren keine aufgesetzten Äußerlichkeiten, sondern ergaben sich aus einem starken Wirkungswillen. Auch die Grammatik ist in vielen Bereichen ein Wirkmittel der Rhetorik: die Demonstrativpronomina differenzieren sich in solche der ersten, der zweiten und der dritten Person (*hic, iste, ille*), wie es bei Reden und Gesprächen nützlich ist. Die Diathese (Aktiv/Passiv) zeigt die Blickrichtung des Sprechers: auf den Akteur oder auf den Betroffenen. Die Stellung des Attributs ist bald vor, bald hinter dem Substantiv. Die relativische Verschränkung faßt mehrere Sätze zusammen. Die Spannung der Periode bringt vielerlei Gedanken oder Vorgänge in einen einheitlichen, zielgerichteten und Ursache und Folgen klar gegeneinanderstellenden Ablauf. Der Partizipialstil bringt vielerlei Ereignisse in einen einzigen Satzablauf hinein, der auf das in der letzten Information mitgeteilte Ergebnis drängt. Historische Infinitive verraten eine erregte Schilderung. Die Modi differenzieren Aussagen höchst penibel in als möglich, als nicht möglich oder als indifferent gedachte.
Rhetorik ist also ein Phänomen, das grundlegend ist für das Verständnis antiken Lebens und Denkens und somit antiker Texte. Ohne dieses Verständnis bleibt die Behandlung lateinischer Texte der Antike blasser und lebloser, weil Wortstellung, Bilder, Metaphern, Klangwirkungen nicht als lebendige, reale Wirkungskraft erfahren werden, die Behandlung stilistischer und grammatischer Eigentümlichkeiten vielmehr recht aufgesetzt und formal wirken, als unnötiger Ballast aufgefaßt werden kann.
Schon deswegen wäre – aus fachimmanenten Gründen – zu wünschen, daß eine Einführung in die Rhetorik am Anfang des Lateinunterrichts, wenigstens aber an früher Stelle im lateinischen Lektüreunterricht steht.

2. Ziele und Texte in einem Rhetorikkurs im Lateinunterricht

Aber die Welt der lateinischen Texte ist nicht unsere Welt. Gerade bei einem Gebiet wie der Rhetorik könnte es jedoch wichtig sein, daß die vertraute Welt der Schüler berücksichtigt wird, damit sie die Wirkung rhetorischer Mittel ‚am eigenen Leib' verspüren und die Bedeutung der Fähigkeit erkennen, sich ihrer zu bedienen und sich gegen sie zu wehren. Eine allgemeine Einleitung, die diese Ziele vorstellt, kann einen Lateinunterricht mit Texten ganz anderer Voraussetzungen nicht tragen, und die Anwendung der an lateinischen Texten gewonnenen Erkenntnisse auf deutsche Texte kann nicht über lange Zeit Thema des Lateinunterrichts sein, weil sonst der Umgang mit lateinischen Texten vernachlässigt wird.

In der Tat rechtfertigt sich der altsprachliche Unterricht gerade damit, daß er eine andere Welt vorstellt und diese mit der in vielem als selbstverständlich hingenommenen Umwelt des Schülers konfrontiert. Das Kontrasterlebnis, das sich gleichermaßen in den Inhalten, der Denkweise und ihrer sprachlichen Fixierung zeigen kann, bewirkt, daß der Schüler aus seiner Umwelt und aus seinem Sprachverhalten heraustreten und sich in anderes Denken und Sprechen einarbeiten muß. Dabei werden beide Welten und Sprachen in ihren Voraussetzungen und Eigenarten deutlicher; das kontrastiv-komparative Verfahren bringt Erkenntnisgewinn, verschafft Distanz zur eigenen Prägung, läßt andere Denkmöglichkeiten erkennen. Zwischen den beiden Denk- und Sprachwelten muß der Schüler ständig hin und her springen, wodurch seine Flexibilität in Denken und Sprechen gefördert wird.

Auf dem Gebiet der Rhetorik hat aber bis jetzt der altsprachliche Unterricht dieses Argument kaum gebraucht, wohl in der Meinung, daß der Gegensatz hier zu groß ist, oder aus vermeintlichem Mangel an Texten, die vom Inhalt her einfacher zugänglich sind. Denn will man einen Kurs ‚Rhetorik' im Lateinunterricht der 10. oder 11. Klasse, so scheiden die bisher gemachten Vorschläge doch in beträchtlichem Umfang aus. Sie sind historisch oder formal ausgerichtet, stellen das antike Rednerideal oder die Wirkmittel der Rhetorik katalogartig in den Mittelpunkt oder widmen sich einer langen Gerichtsrede Ciceros. Sie sind denn auch ganz für die Sekundarstufe II konzipiert.

Für eine frühe Behandlung spricht aber – neben der gezeigten Grundlagenfunktion –, daß man in antike Lebenssituationen einführen, Rhetorik als Spiegel des realen Lebens benutzen kann und daß man sich bei einem solchen Thema in einer Welt bewegt, für die rhetorisches Können selbstverständlich und eine Freude war und die dadurch vielleicht eher auch gegen allzu große Manipulation gefeit war. Hier Freude und Verständnis im Schüler zu wecken, ist eher möglich als in einer Lebenswelt mit – wie heute – doppelter Auffassung von der Rhetorik, gegen die ein grundsätzliches Mißtrauen besteht, der man aber trotzdem erliegt, weil ästhetische Maßstäbe für ihren Genuß in breiten Schichten nicht entwickelt sind.

Beschäftigung mit Rhetorik soll aber nicht nur dazu dienen, Manipulationen zu erkennen oder gar selbst anwenden zu können. Rhetorik ist nämlich zuallererst ein Mittel der Selbstbeeinflussung, wie sich schon bei Homer in der Beratung des Odysseus mit seinem affektiven Zentrum, dem Thymós, zeigt. Sie ist sodann der Versuch, andere nach dem gleichen Muster wie sich selbst zu beeinflussen. Dabei ergibt sich die Erkenntnis, daß man sich in vielem anders als sich selbst gegenüber verhalten muß, weil Denkweise und Gefühle dieser anderen berücksichtigt werden müssen. Dies entwickelt die Rhetorik in zweierlei Hinsicht zu einer umfassenden Wissenschaft oder Technik. Erstens wird sie zu einem System der Erfassung des menschlichen Lebens mit all seinen möglichen Denk-, Gefühls- und Verhaltensformen. Zweitens wird sie zu einem Mittel, sich selbst zu erziehen, weil die von der Rhetorik gestellte Forderung, auf andere einzugehen, gleichzeitig die Haltung des Redners so dauernd beeinflussen kann, daß er sich selbst verändert, zumindest aber eine Haltung annimmt, die den Erwartungen des Hörers entgegenkommt.

Ziele eines Kurses Rhetorik im Lateinunterricht der 10. und 11. Klasse wären also Freude an Rhetorik und Fähigkeit zu rhetorischer Analyse, zugleich Einsicht in die anthropologischen und psychologischen Bedingungen des Redens und in die Bedeutung des Redens für das menschliche Leben, insbesondere als Spiegel römischen Lebens.

Dazu ist es notwendig, leichte Texte heranzuziehen mit vorwiegend alltäglichen, zumindest für die Antike alltäglichen, Inhalten. Dies macht es unmöglich, nur einen Text oder nur einen Autor zu berücksichtigen, wie es sonst aus vielerlei Gründen wünschenswert ist. Es scheiden lange Reden, insbesondere große Gerichtsreden mit vielen juristischen Voraussetzungen, aus, ebenso eine zu starke Betonung der Theorie. Die Gerichtsreden sind – wie sie uns erhalten sind – ohnehin als Leseliteratur gedacht gewesen. Die meisten theoretischen Schriften sind philosophisch gefärbte Auseinandersetzungen mit dem Phänomen der Rede, keine einfachen Handbücher.

Eine Beschränkung der Autoren und Stile muß dennoch aus schülerbezogenen Gründen erfolgen, weil sonst die Anforderungen zu hoch werden. Deswegen enthält die Textausgabe ‚Redekunst – Lebenskunst' (Reihe Exempla, Band 2) in ihrem zuerst für die 10. und 11. Jahrgangsstufe bestimmten Teil Texte solcher Autoren, die in der 10. und 11. Jahrgangsstufe ohnehin gelesen werden, oder solche Texte, die sprachlich spürbar leicht sind. Einige weitere Texte können mit Hilfen gelesen werden.

Zu den Texten bereits bekannter oder für die Jahrgangsstufen angemessener Autoren gehören die aus Ovids ‚*ars amatoria*' und ‚*remedia amoris*' (Texte 1–4), aus den ‚Adelphen' des Terenz (Texte 5 und 8), die Caesarrede aus Suetons ‚*Divus Iulius*' (Text 12), auch Catulls 6. Gedicht (Text 6). Einfach zu bewältigen sind die Redebeispiele aus dem 2. vorchristlichen Jahrhundert (Texte 9–11); die Autorennamen Plinius, Macrobius, Gellius können hier leicht den unzutreffenden Eindruck erwecken, als handelte es sich um sehr disparate und schwere Texte. Ebenso leicht zu bewältigen sind die kleine Probe aus dem ‚*Colloquium Montepessulanum*' (Text 7) und die Texte aus dem Auctor ‚*ad Herennium*' (Texte 17 und 19). Bei den Cicerotexten wird man, wenn sie in die Theorie gehen, bei einem frühen Einsatz zusätzliche Hilfen geben. Für einen eventuellen Einsatz sind jedoch nur wenige theoretische, aber anschauliche Texte ausgesucht (Texte 16, 18, 21, 25) sowie einige Ausschnitte aus seiner Rede gegen Piso, deren Inhalt im Werkverzeichnis der Textausgabe ausdrücklich in seine historische Umgebung gestellt wird und zugleich Sallusts Invektive verstehen läßt, die in der 11. Jahrgangsstufe durchaus bewältigt werden kann (Texte 13–15).

Die ausgewählten Texte sollten auch einem Leistungskurs nicht vorenthalten werden, auch dann nicht, wenn der Kurs erst spät, z. B. in der 12. Jahrgangsstufe, eingesetzt wird. Daß die Texte relativ leicht zu bewältigen sind, ermöglicht ein gewisses Tempo, einen Wechsel der thematischen Aspekte und tatsächlich eine Konzentration auf den Zusammenhang von Leben, Denken, Fühlen und Reden. Wer dann einem Leistungskurs auch die rhetorische

Theorie – die ja durchaus nicht immer trocken ist – in einigen Texten zugänglich machen und auch auf das Verhältnis von Sachwissen, Moral und Redekunst anhand entsprechender Texte eingehen will, dem bietet die Ausgabe einige wichtige Textpassagen aus Ciceros Schriften (Texte 22–25), außerdem Senecas 40. Brief (Text 20).
Der Catulltext (6), ein Terenztext (8) und die Sallustische Invektive (15) sind in der Übersicht (dieser Band, S. 6 f., Textausgabe, S. 9 f.) dem Leistungskurs oder spätem Einsatz zugewiesen, damit sich eine ausgewogene Verteilung bei kombinierten Kursen ergibt. In diesen schwierigen Kursen haben Leistungskurs- und Grundkursteilnehmer drei Wochenstunden gemeinsam, die Leistungskursteilnehmer meist noch zwei weitere Stunden allein für sich. Dann kommt es darauf an, die Leistungskursschüler mit anderen Texten zum gleichen Thema zu beschäftigen. Die Texte 6, 8 und 15 können dann parallel oder ergänzend zu den Texten 3–5 und 9–14 eingesetzt werden, die Texte 16, 17, 20 und 21 parallel oder ergänzend zu den Texten 18–19, die Texte 22–24 parallel oder ergänzend zu den Texten 25 (und eventuell 16–17).
Wenn der Rhetorikkurs – was wohl häufiger der Fall sein wird – in der 10. oder 11. Jahrgangsstufe oder in einem homogenen Grundkurs eingesetzt wird, dann kann es motivierend sein, wenn ersichtlich wird, daß einige in der Übersicht dem Leistungskurs zugewiesene Texte doch auch von anderen Zielgruppen ohne große Probleme gelesen werden können.
Alle Texte des Kurses sind so ausgewählt, daß sich an ihnen Grundzüge der rhetorischen Theorie und Einblicke in rhetorische Wirkungsmittel erarbeiten lassen. Vor allem aber können die anschaulichen Texte und die genaue Erschließungsarbeit an ihnen, die ja immer auch ein Herantragen, Beobachten und Gegenüberstellen eigener Vorstellungen und Gefühle bedeutet, den Schüler zu einer Erkenntnis psychischer Vorgänge in ihm selbst und in anderen führen und Verhaltensmuster vorstellen, deren Vor- und Nachteile diskutiert werden können.

3. Übersicht über mögliche Kursverläufe und Schilderung der einzelnen Phasen

3.1 Übersicht über mögliche Kursverläufe

REDEKUNST – LEBENSKUNST.
Ein Rhetorikkurs im Lateinunterricht der 10.–12. Jahrgangsstufe

Phase	thematischer Aspekt	10/11/Gk	Lk
1	**Bedeutung und Prinzipien der Kommunikation** im privaten Leben am Beispiel der brieflichen Liebeswerbung und des Umgangs mit der Geliebten	T 1: Ovid, *a.a.* 1, 459–486 T 2: Ovid, *a.a.* 2, 295–314	
2	**Selbstbeeinflussung und Fremdbeeinflussung;** Mitdenken und Mitfühlen als Voraussetzung für Überreden und Überzeugen	T 3: Ovid, *a.a.* 2, 657–662 T 4: Ovid, *rem. am.* 311–346	

Phase	thematischer Aspekt	10/11/GK	LK
3	**Typische Beispiele und Anlässe** für Reden im privaten Bereich, ihre Topik und ihre Methodik:		
	(a) Sich der Geliebten angenehm machen	T 2: Ovid, *a.a.* 2, 295–314	
	(b) Ablenken und Übervorteilen eines Kontrahenten durch scheinbare Zustimmung	T 5: Terenz, *Ad.* 388–419	
	(c) Neugier und Provokation		T 6: Catull, *c.* 6
	(d) Verkaufen und Handeln	T 7: *Corp. gloss. lat.* 3,657	
	(e) Den Preis drücken		T 8: Terenz, *Ad.* 209 – 252
	(f) Nachruf	T 9: Plinius, *n.h.* 7,139 f.	
4	**Typen und Methoden öffentlicher Reden:**		
	(a) Rede vor der Volksversammlung gegen ein Gesetz	T10: Gellius, 9,10,1	
	(b) Rede vor der Volksversammlung für ein Gesetz	T11: Macrobius 3,16, 13	
	(c) Feldherrnrede	T12: Sueton, *Div. Iul.* 66	
	(d) ‚Ego-Rede' vor dem Senat	T13: Cicero, *In Pis.* 4–7	
	(e) Politischer Angriff im Senat	T14: Cicero, *In Pis.* 8–10, 31–32	
	(f) Invektive, Schmähschrift		T15: Sallust, *In Cic. inv.*
5	**Theorie der Rede (1)**		
	(a) Die drei genera dicendi. Abhängigkeit von causa, tempus, persona und auditor.		T16: Cicero, de or. 3,209 –213
	(b) Abhängigkeit des Gestus und des Vultus von Art und Anlaß der Rede		T17: Auctor ad Herennium 3,15, 26 –27
	(c) Arten und Wirkungen des Witzes	T18: Cicero, de or 2,216–289 i. Ausw.	
	(d) Vier Reden über dasselbe Thema: Rhetorische Mittel und ihr Einsatz	T19: Auctor ad Herennium 4,54–57	
	(e) Der philosophische Redestil		T20: Seneca, Ep. ad Lucil. 40

Fortsetzung

Phase	thematischer Aspekt	10/11/GK	LK
	(f) Verhalten im privaten Gespräch		T21: Cicero, off. 1,132–137
6	**Theorie der Rede (2): Macht und Verantwortung des Redners**		
	(a) Die drei genera dicendi und ihre Wirkungen		T22: Cicero, or. 20–22
	(b) Aufgaben und Ziele der öffentlichen Rede		T23: Cicero, or. 69–70
	(c) Forderungen an den vollkommenen Redner		T24: Cicero, or. 117–120
7	**Hymnus auf die Rhetorik**	T25: Cicero, de or. 1,29–34	

3.2 Schilderung der einzelnen Kursphasen

Die Unterrichtsreihe kann mit praktischen Beispielen (Phase 3) oder mit Ovid, *ars amatoria* 1,459–486 (**Phase** 1, Text 1) beginnen. Dieser Text zeigt die Bedeutung der Rhetorik im privaten Bereich und hebt diese von der öffentlichen Rhetorik ab. Da Ovid in seinen Anweisungen auf die Gelegenheiten der öffentlichen Rede und auf verschiedene Redestile eingeht und gleichzeitig das Schüler der 10./11. Jahrgangsstufe interessierende Thema der Liebeswerbung behandelt, ist der Beginn mit diesem Text sowohl motivierend als auch grundlegend für das Kursthema.

Der Kurs kann sich fortsetzen mit Beispielen und Anlässen für Reden im privaten und im öffentlichen Bereich. Im Kursprogramm sind dafür drei Phasen (Phasen 2–4) eingerichtet.

Phase 2 bleibt bei dem Thema ‚Liebe und Werbung' und zeigt einige Techniken des Redens, einige Prinzipien für die eigene Glaubwürdigkeit und die Rückführung der Rhetorik auf die Beeinflussung der eigenen Person, ihre Rückwirkung auf die Haltung des Redners.

Phase 3 enthält einige alltägliche Situationen oder solche aus volkstümlichen Genera der Literatur und führt in die Psychagogie, in die Topik und in das Problem ein, wie sich Form und Inhalt einer Rede zueinander verhalten oder verhalten können.

Phase 4 enthält vorwiegend kurze Reden oder Redeausschnitte als Beispiele für öffentliche Rhetorik. Ein Beispiel für Gerichtsreden fehlt, weil diese meist komplizierte inhaltliche und rechtliche Voraussetzungen haben. In den Reden der Phase 4 kann man Redeaufbau, Psychagogie, Einsatz stilistischer Mittel und ihre Wirkung, Probleme der Selbstdarstellung und der Schmähung anderer studieren und diskutieren.

In der **Phase** 5 werden Erkenntnisse aus dem praktischen Umgang mit Texten für verschiedene Gelegenheiten systematisiert. Durch die Textarbeit und die

Vortragsübungen in den vorangegangenen Phasen können die Texte der Phase 5 jetzt von den Schülern besser verstanden und mit Beispielen versehen werden (so zu Text 16).
Auch kann man an einem kurzen und leichten, auf die Dauer aber vielleicht auch etwas zähen Text aus der Rhetorenschule (Text 19) zeigen, wie ein und dasselbe Thema ganz unterschiedlich behandelt werden kann – in Abhängigkeit von Anlaß, Adressat und verwendeten Stilmitteln. Dazwischen sind Texte zur Vortragsweise (Gestik, Mimik, Text 17) und zum Witz in der Rede (Text 18) eingereiht, für einen Leistungskurs auch ein Beispiel für den Lehrvortrag, den philosophischen Redestil (Text 20). Die Kursphase endet mit einem motivierenden Text zur privaten Gesprächsführung (Text 21), der an Gedanken aus den Texten 1, 2 und 20 anknüpfen kann, für Schüler aber auch wegen ihrer Erfahrungen mit renommiersüchtigen Kameraden, tadelnden Eltern und Lehrern aktuell ist.
Die Texte der **Phase 6** ermöglichen eine erste Reflexion über das sicher schon vorher angeklungene Thema, wie sich fachliche Sachkenntnis und Redekunst zueinander verhalten, jenem Problem, das Plato immer wieder in seinen Dialogen darstellt, wenn er Dichtern, Rhapsoden, Sophisten, Rhetoren Sachkenntnis umfassender Art abspricht. Die Textstellen (Texte 22–24) stellen zugleich Ciceros hohen Anspruch an den *perfectus orator* dar. Es ist selbstverständlich, daß diese Phase für einen späten Einsatz des Kurses gedacht ist.
Den Abschluß in **Phase 7** bildet der Hymnus auf die Rhetorik bei Cicero, *de oratore* 1,29–34, der nach der Arbeit am Thema ‚Redekunst – Lebenskunst' verständlich ist, eine Zusammenfassung gibt und zu weiterer eigener Beschäftigung mit dem Thema anregen kann.
Auf die Einzeldarstellungen zu den Texten wird ausdrücklich verwiesen, da diese Übersicht nur eine pauschale Schilderung beabsichtigt.

II. EINZELDARSTELLUNGEN ZU DEN AUSGEWÄHLTEN TEXTEN

1. Ovid, ars amatoria 1,459–486 (Text 1)

Ovid nennt zu Beginn zwei der drei klassischen Arten der öffentlichen Rede:
(1) *genus iudiciale* (Gerichtsrede): *trepidos ut tueare reos* (460), *iudexque gravis* (461);
(2) *genus deliberativum* (Beratungsrede, etwa auf Volksversammlungen): *populos, lectus senatus* (461). Die dritte Art,
(3) *genus demonstrativum* (‚Schaustellungsrede, Prunk-, Fest-, Gelegenheitsrede') nennt er nicht, wohl weil sie keine solche Konturen hat wie grundsätzlich öffentliche Reden und somit auch (wenn das Deklamieren abgelehnt wird) zum Teil privates Sprechen umfaßt.
Ovid zeigt, daß gerade dann, wenn auf die Seele des Menschen eingewirkt werden soll, die Beredsamkeit im Geheimen wirken soll (463). Die gewöhnlichen Wörter sollen verwendet werden (*consueta verba* 467), eine wichtige Regel für die Massenkommunikation, die auf Einverständnis aus ist, ebenso aber für alle Gesprächspartner, die nicht gerade hochintellektuell sind. Er

zeigt, daß die Rede etwas glaubhaft machen will (*credibilis sermo* 467). Dauerfeuer und Wiederholung werden als Vorbedingungen des rhetorischen Erfolgs genannt (469–480). Den schmeichelnden geheimen Verführern werde sich die Angebetete auf die Dauer nicht entziehen können, äußerer Zwang sei nicht notwendig (479 f.). Schließlich macht er noch auf wichtige andere psychologische Fakten aufmerksam: Die Aufmerksamkeit zu gewinnen, ist der halbe Erfolg; danach sollen auch zunächst abweisende Reaktionen nicht schrecken. In der Liebe – und vielleicht doch auch in anderen Bereichen – sagt man bisweilen zunächst nein zu Dingen, bei denen man am liebsten sofort ja sagte und zu denen das Jawort eine längere Vorbereitung, Beseitigung psychischer Barrieren oder konventioneller Rücksichten braucht.

2. Ovid, ars amatoria 2,295–314 (Text 2)

In Vers 295 wird der Zusammenhang deutlich gemacht: *cura retinendae puellae,* die Sorge, sich ein Mädchen – einmal gewonnen – zu bewahren. Dazu gehört, daß sie sich voll akzeptiert fühlt, in ihrem Geschmack bei Kleidung (297–302) und bei Frisur (303 f.), in ihrem tänzerischen und sängerischen Können, das sie ja für den Mann zeigt (305 f.), in der Art ihres sexuellen Verhaltens (307 f.). Ovid zeigt durch ironische Zusätze, daß sich über Geschmack streiten läßt, daß aber der Liebhaber seinen besseren Geschmack (zunächst?) verschweigen und sich erst das Mädchen immer wieder gewinnen soll. Der Liebhaber muß sich also selbst zu dieser Bestätigung der Geliebten durchringen (*puta* 298), darf höchstens auf Umwegen versuchen, das Mädchen zu einem geschmackvolleren Verhalten zu bewegen (302). Das Ergebnis (z. B. v. 308) lohne den Aufwand, sagt Ovid, und die Geliebte werde lenkbar und anschmiegsam, möge sie vorher noch so widerspenstig gewesen sein (309 f.). An die gegensätzliche Haltung, die Geliebte mit Nichtachtung zum Nachgeben zu bringen (‚Der Widerspenstigen Zähmung') denkt Ovid hier nicht. Das ist richtig so. Denn es geht hier nicht darum, die Gunst überhaupt zu gewinnen, sondern sie zu behalten. Ovid macht zum Schluß auf eine wichtige Voraussetzung der Rhetorik aufmerksam, die sowohl im privaten wie im öffentlichen Bereich gilt. Sie darf nicht als temporäre oberflächliche Verstellung wirken, die ertappt wird, unglaubwürdig macht, Schande bringt, weil man als Lügner gilt. Wenn das Eingehen auf die Geliebte eine innerlich akzeptierte Haltung ist, dann ist diese Haltung echt, und es macht keinen Unterschied, ob sie aus innerer Natur kommt oder zu innerer Natur geworden ist, wie es Ovid hier annimmt und mit *latet ars* umschreibt. Wahre Rhetorik ist also, mit Selbsterziehung verbunden, die rechte rhetorische Haltung des Menschen. Diese Erkenntnis kann später schwierige Texte wie die Texte 16 und 20–24 zu verstehen helfen.

3. Ovid, ars amatoria 2,657–662 (Text 3)

Die Stelle ist eine der siebzehn Anweisungen in Ovids ‚*Ars amatoria*', wie man sich die Zuneigung des Mädchens bewahrt. Sie setzt also voraus, daß man sich bereits verliebt hat und auch erhört ist.

Die Stelle hat Geschichte. Lukrez kritisiert in seinem Lehrgedicht *de rerum natura,* IV 1141 ff., wie sich der Mensch durch die Liebe verblenden lasse (*cupidine caeci* IV 1153). Das gehe so weit, daß man schon nicht mehr Realitäten sehe und mit dem rechten Namen benenne, sondern Menschen mit abstoßenden seelischen oder leiblichen Mängeln liebe und diese Mängel sogar mit positiven Namen belege (*praetermittas animi vitia ... aut quae corporis sunt* IV 1151 f.; *tribuunt ea, quae non sunt is commoda vere* 1154). Als Beispiele im körperlichen Bereich nennt Lukrez u. a.: die Schwarze sei ‚honigblond' (*nigra – melichrus*); die grünäugige Abbild der Pallas (*caesia Palladium*); die zu klein Geratene (*parvula*) und Zwergin (*pumilio*) heiße eine der Charitinnen und voller Witz (*chariton mia, tota merum sal*); eine monströs gewaltige Erscheinung (*magna atque immanis*) heiße ‚die Überwältigung in Person' (*cataplexis*) und ‚voller Adel' (*plena honoris*), die üppig Aufgeschwollene (*tumida et mammosa*) heiße Ceres und die vor Magerkeit Umkommende (*cum vivere non quit prae macie; rhadine verost iam mortua tussi*) werde zum *ischnon eromenion* (‚zierlicher Liebling').

Ovid rät, was die Natur ohnehin bewirken kann, auch solchen Männern, die von der einmaligen Mischung von Eigenschaften oder von den geistig-seelischen Eigenschaften in einem Mädchen mehr angesprochen sind, oder solchen, die sich ihre Liebe erhalten wollen, vor allem aber überzeugend bei der Werbung bleiben wollen. Da kommt es aufs Loben und Aufwerten an. Mit Worten darf man Fehler kleiner machen: ‚Dunkelfarbig heiße, die vielleicht ein Blut schwärzer als illyrisches Pech hat.' – Dunkle Hautfarbe gehört wohl nicht zum Schönheitsideal des Südländers, sondern ihn reizt die nordische Blässe.

‚Wenn sie schielt, heiße sie der Venus ähnlich' – der Silberblick kann ja wohl erotisch sein –, ‚wenn sie finster schaut, der Minerva', der herb enthaltsamen Göttin der Wissenschaft.

‚Schlank sei, die vor eigener Magerkeit kaum noch lebendig ist. Nenn' handlich jedes kurze Mädchen, die Aufgedunsene vollentwickelt. Und es sei verborgen ein Fehler durch die nächste Nähe des Guten (durch die Bezeichnung mit dem nächstverwandten Guten).'

Hier nennt Ovid die Methode: Fehler dürfen nicht hinweggeleugnet, sie müssen positiv interpretiert werden. Und diese Interpretation muß dadurch wahrscheinlich gemacht werden, daß von einer Reihe von Gegenbegriffen nicht etwa das totale Gegenteil genommen wird, sondern aus den negativen Bezeichnungen der am wenigsten negative (z. B. schmal) oder der am ehesten vergleichbare positive herausgesucht (z. B. schlank) oder indem mit berühmten Trägern einer Eigenschaft verglichen wird.

4. Ovid, remedia amoris 311–346 (Text 4)

Das Ganze gilt auch in umgekehrter Richtung. Man kann gute Eigenschaften oder Handlungen schlecht interpretieren, die mangelnde Objektivität menschlichen Wahrnehmens und Urteilens bewußt einsetzen, um einen Menschen zu verletzen oder vor anderen herabzusetzen. Auch dabei kommt es für den Erfolg darauf an, daß man nicht das totale Gegenteil dessen, was der Augenschein oder erstes Empfinden vermitteln, behauptet, sondern leicht in die *proximitas mali,* in das nächstliegende Übel, uminterpretiert. Wiewohl zu befürchten steht, daß es sich hierbei um eine oftmals unbewußt gehandhabte, nur allzu menschliche Fertigkeit handelt, behauptet Ovid in seinen *remedia amoris* 311–346, man solle dieses Verfahren bewußt einsetzen, um sich eine Liebe aus dem Kopf und eine Freundin vom Hals zu schaffen (325 f.):

Qua potes, in peius dotes deflecte puellae
iudiciumque brevi limite falle tuum.

Wo du kannst, biege die Gaben des Mädchens ins Schlechte um
und hintergehe dein Urteil durch geringe Verschiebung.

Dann folgen unter anderem die bekannten Beispiele in umgekehrter Richtung.

Als Rhetorik ist es also auch zu bezeichnen, wenn man mit sich selbst spricht und sich selbst angreift, beschwichtigt, aufwertet, abwertet, zu Beliebigem hinführt, von Beliebigem abbringt, um mit Ciceros Worten (de or. I 29–34, Text 25) zu reden. Ja, man kann dies sogar als die erste Form der Rhetorik bezeichnen und die an andere gerichtete Rhetorik als Versuch, den Mechanismus der Selbstüberredung auf das Verhältnis zu anderen zu übertragen und aus den dabei gewonnenen Erfahrungen, vor allem den Mißerfolgen, zu lernen.

5. Terenz, Adelphoe 388–419a (Text 5)

Der Zusammenhang ist in der Textausgabe im Werkverzeichnis 14.1 dargestellt. Der Text hat durchgehend zwei Adressaten: den Gesprächspartner und das Publikum. Beide verstehen, was sie hören, anders, denn sie haben ein unterschiedliches Vorwissen. Das Publikum (und mit ihm Syrus) weiß, daß das Sannio geraubte Mädchen, die *psaltria,* Ktesiphos Schwarm ist und für ihn geraubt und bezahlt wurde. Demea meint, Aeschinus habe sie für sich geraubt und Micio unterstütze dies. So ergeben sich vielerlei Anlässe zum Lachen. Dies muß bei der Behandlung der Stelle berücksichtigt werden. Hauptgesichtspunkt ist hier aber die Psychagogie, mit der Syrus Demea zu dem ihm genehmen Verhalten bringt. Zunächst stimmt er ihm voll in allen Äußerungen zu (385–387, 389 f., 390 f.), zusammenfassend und den Anfang (385–387) wiederholend in den Versen 392–395. Dann geht er zu einer eigenen Frage über (395), die Demea Gelegenheit gibt, seinen Stolz auf seine Wachsamkeit zu äußern. Syrus erhält dadurch die Möglichkeit, Demea nochmals zu bestätigen. Dadurch ist Glaubwürdigkeit hergestellt. Demea glaubt also Syrus – nach einer vergewissernden Frage – auch, daß Ktesipho zum Landgut zurückgegangen sei (400–403). Diese Situation wird im folgenden von Terenz noch ausgekostet. Syrus erfindet Geschehnisse, die Demea den Erfolg seiner Erziehung bestätigen sollen und ihn zur Darstellung seiner Erziehungsgrundsätze bewegen. Syrus hört ihnen zustimmend zu (danach – nicht mehr im abgedruckten Textabschnitt berücksichtigt – entschuldigt er sich freilich mit Küchenarbeiten). Demea kann sich einmal richtig und ohne Widerspruch aussprechen, ist glücklich und geht voll Vertrauen zu seinem Landgut, wo er seinen Sohn wähnt. Der Text zeigt die Gefahren einer gnadenlos zum Schaden des Gesprächspartners eingesetzten Rhetorik ohne Moral. Man muß freilich berücksichtigen, daß es sich um eine Komödie handelt. Man kann aber dieses Verhalten auf die Ovidtexte (Texte 2 und 3) übertragen und erkennt dann, daß Rhetorik auch rein dem erotischen Erfolg ohne entsprechende Wertschätzung des Partners dienen könnte.

Zusammenfassende Übersicht zu Terenz, Ad. 388–419

Zustimmung macht zugänglich.	385–395: Das Gespräch geht von Demea aus.
Dem Gesprächspartner die Möglichkeit zu geben, seine Vorstellungen ausführlich vorzutragen, schafft Vertrauen.	395–403: Demea wird von Syrus durch eine Frage zum Reden angeregt.
Zustimmen und Zuhören machen glaubwürdig.	404 ff.
Jedoch ist die Zustimmung des Syrus nur vorgeblich, und er hört Demea nur zu, um ihn gnadenlos in die Irre zu leiten und betrügen zu können. Darin zeigt sich die Gefahr einer Redekunst und Gesprächstaktik ohne Moral.	Konfrontation mit der auf Selbsterkenntnis und Interiorisation beruhenden Haltung des Liebhabers bei Ovid, a.a. 2,295 ff. und 2,657 ff.

6. Catull, carmen 6 (Text 6)

In einem größeren Kreis (vgl. *nobis* 16) fordert Catull, der hier passend seinen Namen (1) statt eines Personalpronomens verwendet, einen sonst nicht weiter bekannten Flavius auf, die Person seiner Geliebten zu verraten. Da er dies bisher offenbar konstant vermieden hat, wird er provoziert. Die Provokation erfolgt auf mehrfache Weise:
(1) Das Schweigen wird als Ausdruck der Scham ausgelegt: Die Geliebte muß eine malariöse Hure sein, seine Liebe ohne Anmut und geschmacklos. Denn von dem Gegenteil würde man wohl nicht schweigen.
(2) Die Tatsache, daß er eine Geliebte hat, könne er ohnehin nicht abstreiten, weil er durch viele Indizien überführt werde. Diese Indizien werden aufgeführt, wobei ein Abstieg von anmutiger zu grober Schilderung erfolgt: Das Bett ist mit Blumen geschmückt und duftet nach ihnen und nach Parfümsalbe. Überall ist das Bett abgescheuert. Man hört das Bett knarren und sich bewegen. Flavius streckt seine Beine schlapp und breit von sich.
Die übermächtigen Beweise zeigen: Verschweigen läßt sich nichts (12, Anapher *nil, nihil,* die ausführliche Form nachdrücklich an zweiter Stelle). Daraus zieht Catull die Folgerung: Wenn ohnehin Schweigen nichts nützt, kann Flavius auch sprechen. Es soll sein Vorteil sein. Gleichgültig, welcher Art seine Geliebte ist, ob hübsch (*boni* 15) oder weniger (*mali*), er soll davon erzählen und sie offenbaren. Die provokante Vermutung *nescioquid febriculosi scorti diligis* (4/5) vom Anfang wird also jetzt wieder eingeschränkt. Und statt dessen wird ihm der Lohn seines Geständnisses in Aussicht gestellt. Flavius und seine Liebe sollen in den Himmel gelobt werden, nunmehr durch einen anmutigen, zarten Vers Ewigkeit erlangen, statt durch das Gegenteil

der *inlepidae atque inelegantes deliciae* verdächtigt zu werden. Nach der Provokation soll nun diese Aussicht Flavius das Geheimnis entreißen.

Das Gedicht zeigt den Gegensatz von Rühmen und Diffamieren, das Verhältnis der Sprache zur Art des Erlebens und zur Intention, die Macht des sprachlichen Ausdrucks über die Beurteilung eines Geschehens und einer Empfindung:

(1) Dichtungen können rühmen und verdammen, es kommt darauf an, zu dem, der darüber Macht hat, ein gutes Verhältnis zu gewinnen. Der Dichter macht von seiner Macht Gebrauch. Der gleiche Vorgang, die gleiche Empfindung kann gut und schlecht, rühmend und diffamierend dargestellt werden.

(2) Sprache erscheint zunächst als Mittel, Freude und Lob auszudrücken (*ni sint inlepidae ..., velles dicere ...* 2/3): wes das Herz voll ist, das gehet der Mund über (Matthäus 12,30). Sprache hat Ausdrucksfunktion. Aber der Dichter zeigt durch seine Absicht, dem Angesprochenen ein Geheimnis zu entlocken, daß Sprache auch eine Waffe ist, um Ziele zu erreichen, Wünsche durchzusetzen: *Quid autem tam necessarium, quam tenere semper arma, quibus vel tectus ipse esse possis vel provocare improbos vel te ulcisci lacessitus?* (Cicero, *de oratore* 1,32) Der Angesprochene soll durch Angriffe und durch die Aussicht auf Rühmung in die Enge getrieben und zum Handeln oder Verhalten im Sinne des Sprechers bewegt werden. Sprache hat Appellfunktion.

(3) Der Leser wird zum Teilhaber des Prozesses gemacht und kann alle Positionen mitempfinden und die Art der sprachlichen Mittel genießen, die aus den Funktionen der Sprache erwachsen und ihr zusätzlich eine ästhetische Funktion zuweisen:

(a) die Dreiteilung des Gedichtes, wobei der zweite Teil mit einer ähnlichen Wenn-Dann-Relation endet (13/14) wie die erste Hälfte des ersten Teils (2/3) und der dritte Teil die *inlepidae-inelegans*-Thematik des Beginns wiederaufnimmt und das Gegenteil in Aussicht stellt;

(b) den Aufbau einzelner Verse: Rahmenstellung der Namen der ‚Kontrahenten' in 1, Chiasmus, der die Gegensätze *dicere – tacere* und *velle – posse* hervorhebt, in 3;

(c) Wortstellungsfiguren, die die Intention wirkungsvoll unterstützen: Alliterationen: 7 (*c*), 9 (*p*), 15 (*q*), 17 (*v*); Anaphern (verneinende Vorsilbe *in-* 2, *et* 9) und Epanalepse (*nil – nihil* 12); Hyperbaton: *Syrio – olivo* 8, dadurch Betonung der *s*-Anfänge und *o*-Auslaute; *tremulique quassa lecti/ argutatio inambulatioque* 11/12, dadurch Abwechslung von Wörtern, die Bewegung und die Geräusch ausdrücken; *lepido versu* 17, dadurch Betonung des *lepidus* und weiche, zarte Schlußalliteration;

(d) Enjambement 4/5, dadurch Überraschungseffekt beim Ausdruck *scorti;*

(e) das Oxymoron *nequiquam tacitum cubile clamat* 7: das Ergebnis der Bemühung ist pathetisch-mahnend vorweggenommen.

7. Colloquium Montepessulanum (Corpus Glossariorum Latinorum III, S. 657) 13 (Text 7)

Der anspruchslose Text, über dessen Bestimmung das Werkverzeichnis der Textausgabe informiert, gibt einen Einblick in die unvergängliche Topik des

Kaufmanns: die Ware kostet viel, weil schon der Einkaufspreis hoch war, die eigenen Kosten hoch sind; der Verkaufspreis ist ein Geschenk, der fragen läßt, warum der Kaufmann überhaupt seinem Gewerbe nachgeht. Es macht dabei einfach Spaß, einmal Parallelen zur heutigen Zeit zu sehen und einfaches Latein zu lesen.

8. Terenz, Adelphoe 209–252 (Text 8)

Die Szene II 2 der ‚Adelphen' kann folgendermaßen gegliedert werden:
209 f.: Syrus versichert Aeschinus, er werde Sannio dazu bringen, sein Angebot anzunehmen.
210–215: Vorgeplänkel, 1. Argument des Syrus: Es wäre besser gewesen, Aeschinus freundlich zu behandeln und ihm zu Diensten zu sein.
215–224: 2. Argument des Syrus: Verzicht auf sofortigen Gewinn, d. h. auf die ganze Summe von 20 Minen, könnte später Zinsen tragen.
224–238: 3. Argument des Syrus: Sofortige Bezahlung ist nur bei Eingehen auf das Preisangebot möglich, sonst gibt es wohl gar nichts, weil Sannio vor einer ‚Geschäftsreise' steht.
239–246: Angebot, die Hälfte dessen zu zahlen, was das Mädchen Sannio gekostet hat, und Protest Sannios.
246–252: Syrus scheint das Gespräch beenden zu wollen, da bittet ihn Sannio von sich aus, wenigstens den Preis, den er selbst gezahlt hat, zu bezahlen – genau das, was ihm Aeschinus 191 f. angeboten und was Sannio dort abgelehnt hatte. Syrus verspricht, sich darum zu bemühen, und hat sein (209 f.) formuliertes Ziel erreicht.

Syrus begegnet Sannio wie ein freundlich-teilnahmsvoller Ratgeber. Er vermeidet es, von vornherein eine feste Position zu beziehen, sondern versucht, Sannio in die Bewegung eines Gesprächs zu ziehen und damit in einer inneren Bewegung umzustimmen. Er erreicht zunächst, daß Sannio sich überhaupt auf eine Diskussion einläßt. Dann stellt er Sannio den Verlust des gesamten Preises, das heißt überhaupt keine Bezahlung, vor Augen, indem er ihm zeigt, daß er dessen Terminnöte kennt. Sannio macht sich die beiden Alternativen und ihre geschäftlichen Konsequenzen klar. Beide laufen auf Verluste hinaus. Sannio sieht sogar, daß der Verzicht auf die Bezahlung der geraubten Sklavin das kleinere Übel gegenüber dem Verzicht auf das Mädchenhandelsgeschäft auf Zypern ist (234 f.). Seine empörte Klage (227 f.) zeigt Syrus, daß es schon innerlich in ihm arbeitet, daß er aber keine auf festen Vorstellungen gegründete Position mehr einnehmen kann.

Syrus weiß, daß jetzt das Angebot, den halben Einkaufspreis zu zahlen, schon als ein Gewinn erscheinen muß (240–242). Aber dieses Angebot stößt noch einmal auf Sannios geschäftlichen Stolz, ein Kuppler macht keine Verluste. Als er jedoch auch dieses Angebot dahinschwinden sieht, bittet er um Erstattung des Einkaufspreises. Das ist für ihn jetzt 100 % Gewinn gegenüber dem letzten Angebot des Syrus. Und doch ist es kein Gewinn, denn so viel hat er selbst für das Mädchen gezahlt und es inzwischen noch unterhalten müssen. Für Syrus und Aeschinus aber wird es ein günstiger Kauf, weil sie eine erwünschte ‚Ware' zum Einkaufspreis bekommen.

Aus der dargestellten Abfolge des Dialogs ergibt sich folgendes Tafelbild:

Die Lenkung Sannios zur freudigen Annahme eines ungünstigen Angebots

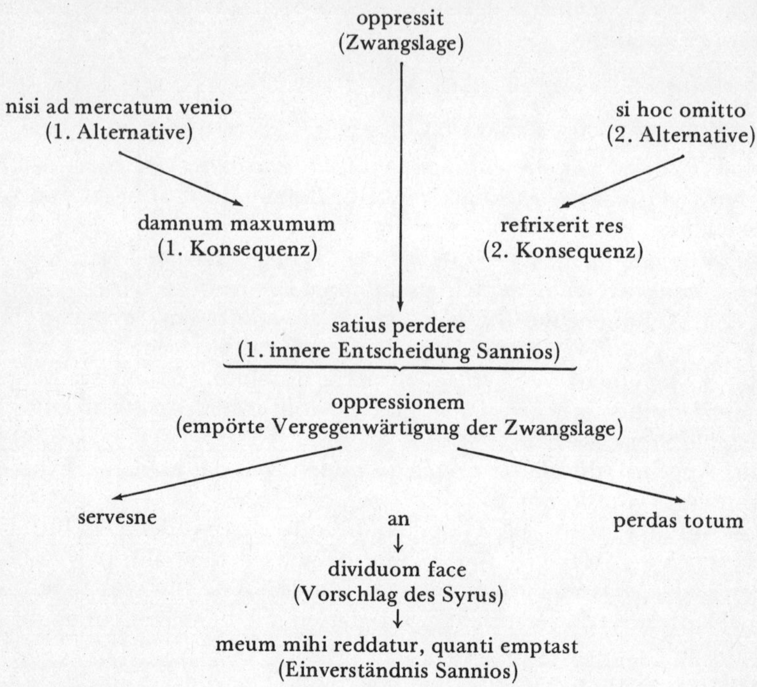

Zusammenfassende Übersicht zu Terenz, Ad. 209–252

Einblick in die Verhandlungstechnik ‚suaviter in modo, fortiter in re':	
Syrus nimmt im Gespräch mit Sannio eine offene, fragende, ratende Haltung ein und vermeidet es, mit der Tür ins Haus zu fallen. Dadurch kommt er mit dem bereits stark verprellten Sannio ins Gespräch.	209–224 mit allgemeinen Ratschlägen und der Sentenz 216.
Erst dann zeigt er ihm erpresserisch eine Zwangslage.	224–238
Dann bietet er die Hälfte dessen an, was er zu zahlen bereit ist.	239–246
Sannio bittet nun von sich aus um ein Angebot in der Höhe, die er vorher (191 f.) abgelehnt hat.	246–252
	Vergleich mit geschäftlichen, politischen und pädagogischen Gesprächen und Verhandlungen möglich.

Der Dialog zeigt, wie ein geschäftliches Gespräch zweier Kontrahenten eingeleitet werden kann, wie Syrus Härten vermeidet, obwohl er ein Gegner Sannios ist, und wie er mit dem erpresserischen Argument nicht sofort, sondern erst nach diplomatischer Vorbereitung gleichsam nebenbei (*praeterea* 224) herausrückt. Die härteste Verhandlungsstrategie wird in freundliche Worte verpackt, und erst nach in der Sache nichtssagenden, atmosphärisch aber wichtigen anderen Argumenten wird das eine wirkungsvolle Argument gebracht.

9. Plinius, naturalis historia 7, 139–140 (Text 9)

Unter dem Gesichtspunkt der Topik ließe sich Plinius, *n. h.* VII 139–140 behandeln, ein Bericht über die *laudatio funebris* für L. Caecilius Metellus 221 v. Chr.

Die Topik der Grabrede hat Aufwertung zum Ziel. Sie kann einen einfachen Mann dadurch rühmen, daß sie seine vorbildliche Pflichterfüllung in Familie und Beruf darstellt, seine Menschlichkeit, die ihn unvergessen mache, und ihm bisweilen so viel Bedeutung zuschreiben, als hätte er im öffentlichen Leben eine Rolle gespielt. Und wenn es wenig zu loben gibt, kann man immer noch damit argumentieren, es hätte schon genug Lobenswertes gegeben, wenn der Verstorbene nur länger gelebt hätte (vgl. CIL I^2 10 = Dessau 4, zitiert auch bei Eisenhut, Einführung S. 49: *mors perficit, tua ut essent omnia brevia, honos fama virtusque gloria atque ingenium, quibus sei in longa licuiset tibe utier vita, facile facteis superases gloriam maiorum*).

Einem im öffentlichen Leben stehenden Mann hingegen wird attestiert, er habe sich um das Vaterland verdient gemacht – das ist seine berufliche Pflichterfüllung –, und er wird weiterhin aufgewertet, indem gesagt wird, daß seine Menschlichkeit und Pflichterfüllung im Privatleben und gegenüber jedermann ebenso vorbildlich waren.

Da zeigt die Topik der Grabrede für L. Caecilius Metellus bezeichnende Übereinstimmungen und erfrischend anmutende Unterschiede: Es sei eine Art Auflistung erlaubt:

(1) *Gemeinsamkeiten:* Caecilius Metellus hat sich

(a) *Verdienste* um Volk und Vaterland erworben. Er war
primarius bellator ‚erster im Krieg',
optimus orator (!) ‚bester Redner'
(es zeigt sich der Bezug der Rhetorik auf die *civitas*),
fortissimus imperator ‚entschlossenster Befehlshaber', ferner
auspicio suo maximas res geri ‚unter seiner Herrschaft wurden größte Unternehmungen ausgeführt',
summa sapientia esse ‚er war sehr weise'.

(b) Diese Verdienste werden in öffentlicher Anerkennung dokumentiert:
maximo honore uti: er bekommt Ehrenämter,
summum senatorem haberi: er wird für den besten Senator gehalten,
clarissimum in civitate esse: sein Name ist in aller Munde, jeder spricht lobend über ihn.

(2) *Unterschiede:*

(a) *Multos liberos relinquere* ‚viele Kinder zu hinterlassen', war für Römer des Jahres 221, als es noch ein Berufsheer gab, sicher nicht nur ein Zeichen, daß man dafür sorgt, daß Renten gezahlt werden können bzw. vergleichsweise daß man eine Fürsorge im Alter hat, sondern vor allem daß man für militärischen und politischen Nachwuchs und einfach für die Ausbreitung der Nation sorgte.

(b) Auch die calvinistische Auffassung, daß wirtschaftlicher Erfolg den guten Menschen erweist, ist zu finden: *pecuniam magnam bono modo invenire* ‚viel Geld auf gute Weise verdienen'. Der moralische Anspruch ist in dem Zusatz *bono modo* berücksichtigt. Sechzig Jahre später zeigt M. Porcius Cato Censorius, daß einige dieser Maßstäbe erhalten geblieben sind, für einige aber bereits mehr Feingefühl in der Argumentation notwendig ist: ‚Es ist möglich, daß es manchmal besser ist, durch Handelsgeschäfte zu Geld zu kommen – wenn das nicht so gefährlich wäre – und ebenso Geldgeschäfte (d. h. Wucher) zu treiben – wenn das so ehrbar wäre. Unsere Vorfahren haben es so gehalten und so in den Gesetzen festgelegt: Ein Dieb wird mit dem Doppelten bestraft, ein Wucherer mit dem Vierfachen. Als einen wie viel schlechteren Bürger sie einen Wucherer gegenüber einem Dieb erachtet haben, kann man hieraus ersehen. Und wenn sie einen tüchtigen Mann lobten, lobten sie ihn so: ein guter Landwirt und ein guter Bodenbewirtschafter (Bauer, *colonus*). Größtes Lob, so glaubte man, erfahre der, der so gelobt wurde. Den Kaufmann aber halte ich für tüchtig und auf Besitzerwerb bedacht – nur, wie ich oben gesagt habe: für reich an Gefahren und Unglücken. Aber aus den Landwirten entspringen die energischsten Männer und tüchtigsten Soldaten. Und der Gewinn wird mit größter Pflichterfüllung (Frömmigkeit), größter Sicherheit und geringster Rufschädigung erreicht. Und am wenigsten schlecht gesinnt sind die, die in diesem Beruf beschäftigt sind.' (Cato, *de agri cultura, praefatio* 1–4.)

Die Grabrede auf Metellus zeigt, daß Reden an traditionelle Maßstäbe appelliert, um Einverständnis zu erreichen. Margarete Kubelka kritisiert diese Scheinwelt in ihrem Gedicht ‚Traueranzeigen' (in: ‚Verhängte Spiegel', Gedichte. München (Delp'sche Verlagsbuchhandlung) 1979, abgedruckt in der Textausgabe als 9 B 2.

Aber die unverdiente Rühmung Verstorbener bedeutet eine Anerkennung für ihr Leben. Und vor allem ist sie eine Hilfe für die Überlebenden. Sie dokumentieren den Wert ihrer Familie vor der Öffentlichkeit und machen sich den Verstorbenen – ob verdient oder unverdient – erinnernswert, schaffen sich eine Legende und Deutung, mit der es sich leben läßt.

10. Gellius, Noctes Atticae 11,10,1 (Rede des C. Sempronius Gracchus, Text 10)

Das Redefragment kann nicht den Anfang einer Rede darstellen, weil es mit *nam* beginnt. Es ist aber dennoch ein eindrückliches Beispiel dafür, wie man die Aufmerksamkeit seines Publikums gewinnen oder bewahren kann und

wie man seine Hörer dazu bringt, eine gewünschte Denkrichtung einzuschlagen und sich auf die Vorstellungen des Redners einzulassen oder ihnen gar zu folgen.
Der Abschnitt beginnt mit dem schmeichelhaften *Quirites* als Anrede für die versammelten Römer. Gracchus macht sich diese gleich gefügig durch die Prämisse *si velitis sapientia atque virtute uti;* wer will das nicht? Also muß man auf Gracchus eingehen. Die erste Aussage des Abschnitts ist sodann eine Behauptung, die in der Sache immer gut ankommt und zudem rhetorisch gesteigert ist. ‚Auch bei intensiver Nachforschung werdet ihr keinen unter uns finden, der hier nicht ohne Belohnung auftritt', oder: ‚Und wenn ihr noch so sehr sucht: ihr werdet feststellen, daß nicht einer von uns hier ohne Belohnung auftritt'. *Neminem nostrum* ist durch die Voranstellung und die Alliteration hervorgehoben, die Allgemeingültigkeit der Aussage zudem durch den *etsi*-Satz herausgehoben.
Das Thema dieses Satzes mit seinen beiden Gedanken (1) *prodire* und (2) *pretium* durchzieht nun den weiteren Text. Der zweite Satz bringt überhaupt nichts Neues, sondern wiederholt die Aussage des ersten in positiver Form: *omnes nos (= neminem nostrum), qui verba facimus (= -em huc prodire), aliquid petimus (= ne(minem) sine pretio ...).* Der dritte Satz hebt durch *ego* und *ipse* den Sprecher aus der Gesamtgruppe *omnes nos* heraus. Aber dann wird der Sprecher erst charakterisiert als besorgt um die Einkünfte der Römer, unermüdlich für noch größere soziale Sicherheit oder für den Erhalt der sozialen Errungenschaften eintretend und für die bestmögliche Art, den römischen Staat zu regieren; der Redner gibt sich als Sprachrohr der Masse. Wichtige Wörter sind wieder – wie schon im Satz vorher die Aussage *aliquid auferat* – durch Alliterationen herausgehoben: *vos verba, vectigalia vestra.* Und erst jetzt kann es der Sprecher, ohne mißverstanden zu werden, riskieren, dem Publikum ein spannendes Rätsel zu servieren: *non gratis prodeo.* ‚Aha, auch er, er sagt's ja selbst', kann nicht die mögliche Reaktion sein, sondern ‚Was? Wie? Das verstehe ich nicht. Wie meint er das denn?' Die mit *verum* ‚aber' eingeleitete Lösung des Rätsels hebt den Redner nun auch inhaltlich aus der Menge der anderen Redner heraus und buhlt um die Gunst des Publikums, ist insofern eine captatio benevolentiae.

Und die anderen Redner und Politiker, gilt für sie nicht das gleiche? Sie erklärt Gracchus kurzerhand alle für bestochen. Aber so kurz sagt er das nicht, sondern er hämmert diesen Gedanken seinen Hörern in einer ausführlichen Aufsplitterung des Gedankens ein. Er unterscheidet bei denen, die eine Rede halten, erstens die, die gegen die Annahme des Gesetzes und damit gegen den Steuernachlaß eintreten, und zweitens die, die für die Annahme des Gesetzes und damit für eine Kürzung der Tributzahlungen eintreten. Die einen seien von Nicomedes, die anderen von Mithridates bestochen. Und immer wieder wiederholt er die Ausdrücke für die Gewinnsucht, ausschwingend in dem alliterierenden *pretium et praemium;* und ebenso wiederholt er die Ausdrücke, die zeigen sollen, daß alle anderen nicht im Volk ihren Bezugspunkt und Souverän sehen; diese beiden Gruppen sind zunächst in zwei parallelen Satzabläufen geschildert, wobei im ersten Satz der Chiasmus *non honorem a vobis, verum a Nicomede pecuniam* zu bemerken ist, während im

zweiten Satz der Gegensatz Ruf – Reichtum parallel formuliert ist: *hi quoque petunt non a vobis bonam existimationem, verum a Mithridate rei familiari suae pretium et praemium.* Dieser Unterschied ist ganz natürlich; im ersten Satz müssen noch zwei Gegensatzpaare hervorgehoben werden: *a vobis – a Nicomede, honorem – pecuniam;* denn im Satz davor hat Gracchus von sich gesprochen und gesagt, daß er von den Römern (*a vobis*) *existimatio* und *honor* wolle. Im zweiten Satz hingegen ist das Thema *pretium petere* bereits bekannt, ebenso das Thema *non honorem a vobis petere;* jetzt wird dies nur auf eine andere Gruppe und auf einen anderen König übertragen.
Der Gedanke ‚Alle sind bestochen' wird sodann weiter dadurch aufgesplittert, daß auch die Schweigenden als bestochen oder als besonders gefährlich hingestellt werden. Keiner außer dem Redner bleibt als unbestechlich und das Volksinteresse vertretend übrig. Die nachdrückliche Wiederholung *ab omnibus/omnis* und die parallel gebauten Aussagen *vos, cum .../legationes autem a regibus, cum ...* unterstreichen dies. Und wer diese Behauptung nicht glauben mag, der wird durch ein ebenso anschauliches wie witziges historisches Beispiel, eine Anekdote des athenischen Redners Demades, belehrt, gewarnt und mit einem leicht zu behaltenden Ausspruch zum Nachdenken oder zum Argumentieren und Renommieren versorgt. Die Gegensätze *talentum – decem talenta* und *loquendo – ut tacerem* sind schön herausgebracht. Die Übertragung auf die Gegner des Gracchus erfolgt in einem kurzen und einfachen Satz, dessen Superlativ *maxima* die Emotionen und den Neid noch ganz besonders entfacht.

Zusammenfassende Übersicht zu Gellius 11,10,1

Die Zuhörer werden schmeichelnd angeredet.	Quirites
Es wird Einverständnis darüber hergestellt oder behauptet, daß man vernünftig an eine Sache herangeht – und also zu keinem anderen Urteil als dem vom Redner geplanten kommen kann.	si velitis sapientia atque virtute uti
Die kritische Haltung wird von vornherein berücksichtigt und (scheinbar) angenommen.	etsi quaeritis
Vernunft und kritische Haltung werden mit einem zunächst verblüffenden Bekenntnis bestätigt.	neminem nostrum invenietis sine pretio huc prodire
Die Bestätigung wird wiederholt. Dadurch fällt der Übergang zur folgenden Differenzierung leichter und ist unauffälliger. Auch die Wiederholung bringt nichts Anfechtbares.	Periphrase: Omnes nos, qui verba facimus, aliquid petimus, neque ullius rei causa quisquam ad vos prodit, nisi ut aliquid auferat.
Der Sprecher zeigt ausdrücklich, daß er unter das gemachte Eingeständnis fällt, und flickt dabei in einem Relativsatz seine uneigennützige, dem Volk dienende Zielsetzung als Behauptung ein.	ego ipse, qui aput vos verba facio, ut vectigalia vestra augeatis, quo facilius vestra commoda et rem publicam administrare possitis, non gratis prodeo.

In einer Antithese macht er deutlich, was er für sich erstrebt, formuliert aber die Antithese zunächst nur sachbezogen, nicht in Abhebung von einer anderen Person. Sein persönliches Ziel klingt nach den vorher erreichten Zustimmungen glaubwürdig.	verum peto a vobis non pecuniam, sed bonam existimationem atque honorem.
Die Gruppe derer, die gegen die Annahme der lex Aufeia sprechen, wird in die umgekehrte sachliche Antithese eingespannt, die wie die vorige glaubwürdig, weil sprachlich-logisch vertraut und konsequent, erscheint. Denn der Platz dessen, der beim Volk nach Ansehen strebt, ist bereits besetzt. Als Zielperson des negativen Strebens wird Nicomedes genannt.	qui prodeunt dissuasuri ... petunt non honorem a vobis, verum a Nicomede pecuniam.
Die Gruppe derer, die für die Annahme des Gesetzes sprechen, kann folgerichtig nur noch auf die scheinbar letzte freie Stelle gesetzt werden: auf die der Bestechung durch Mithridates.	qui suadent ... hi quoque petunt non a vobis bonam existimationem, verum a Mithridate rei familiari suae pretium et praemium. Ausschwingende, bekräftigende Alliteration pr-.
Denen, die sich weder für noch gegen das Gesetz äußern und die daher Gracchus ähnlich sein könnten, wird doppeltes Spiel und doppelte Gerissenheit unterstellt. Sie gewinnen Ruhm beim Volk – den Gracchus für sich reserviert wissen will – und Zuwendungen von beiden Königen.	ab omnibus pretium accipiunt et omnis fallunt. Die These wird durch zwei parallel gebaute Sätze (vos, cum putatis ..., impertitis – legationes ..., cum putant ..., ... praebent), ein historisches Beispiel mit treffender Anekdote und eine Wiederholung der Behauptung eingängig gemacht.

11. Macrobius, Saturnalia 3,16,13 (Suasio legis Fanniae des C. Titius, Text 11)

Über C. Titius schreibt Cicero in seinem ‚Brutus' § 167: „Er hat meiner Meinung nach das erreicht, was ein lateinischer Orator ohne griechische Bildung und ohne große Praxis etwa erreichen kann. Seine Reden haben so viele Scharfsinnigkeiten (*argutiae*), so viel Beispiele (*exempla*), so viel Eleganz (*urbanitas*), daß sie fast mit attischem Griffel geschrieben scheinen." Ein Beispiel ist seine Rede vor der Volksversammlung, in der er für die Beibehaltung der lex Fannia sumptuaria eintritt. Dieses 161 geschaffene Gesetz stellte übertriebenen privaten Aufwand unter Strafe. Titius schildert das Verhalten der Nobiles, die einem Geschworenengericht vorsitzen:
‚Sie spielen Würfel (also verbotenes Glücksspiel) voller Eifer, triefend von Salben, von Huren umschart. Wenn die zehnte Stunde kommt (das ist zwei Stunden vor Sonnenuntergang, wenn die Gerichtssitzungen enden), lassen sie den Knaben (einen Sklaven) rufen, damit er zum Comitium geht (einem Platz auf dem Forum Romanum, wo die Gerichtssitzungen stattfanden), um nachzufragen, was auf dem Forum abgelaufen ist, wer (in Volksreden) pro, wer contra gesprochen hat, wie viele Stimmbezirke ja, wie viele nein gesagt haben. Dann schlendern sie zum Comitium, damit sie nicht selbst einen Pro-

zeß (wegen Amtspflichtverletzung) bekommen. Auf ihrem Weg gibt es kein Gassenpissoir, das sie nicht vollmachen, denn sie haben die Blase voller Wein. Kommen sie zum Comitium, heißen sie mürrisch die Parteien sprechen. Wessen Aufgabe es ist, der erstattet Bericht. Der Herr Richter fordert nun die Zeugen, er selbst aber geht pissen. Ist er zurückgekehrt, sagt er, er habe alles gehört und fordert die Protokolle (*tabulae*), beguckt die Buchstaben: kaum hält er vor Wein die Brauen hoch. Dann gehen sie in die Beratung (über Art und Ausmaß der Strafe). Dort diese Rede: ‚Was habe ich mit diesen Schwätzern (Kleinigkeitskrämern) zu schaffen? Warum trinken wir nicht lieber Honigwein (*mulsum*), vermischt mit griechischem Wein, essen einen fetten Krammetsvogel und einen guten Fisch, einen echten Seewolf, der zwischen den beiden Brücken gefangen worden ist?' '

Ein Paradebeispiel, wie man Gegner verleumdet und die Zuhörer – begründet oder unbegründet – aufpeitscht. Alles ist anders an den Angegriffenen. Sie leben anders als das Volk und anders, als es die Amtsführung verlangte. Sie leisten sich Parfüm und Freudenmädchen, langen Schlaf und gutes Essen und schweren Wein. Sie verlegen ihre ganze Kraft aufs Würfelspiel (*studium*) und haben detaillierte Kenntnisse auf dem Gebiet der Tafelfreuden (wissen sie doch, wo ein Ausnahmefisch, noch heute den Speisekarten der besten Restaurants vorbehalten, gefangen wurde). Die Teilnahme am Prozeß, die Erfüllung ihrer Amtspflicht, ist gerade durch die Angst vor einem Gesetz gegen Amtspflichtverletzung motiviert. Geistig und körperlich sind sie ihrem Beruf schon nicht mehr gewachsen (*ipsus it minctum, litteras inspicit*).

Die wahrscheinlicheren Angriffspunkte und die, die einen Keil zwischen ihre und die plebejische Lebensweise treiben, stehen am Anfang und machen voreingenommen. Die unwahrscheinlicheren kommen später und treffen auf Voreingenommenheit, die so bestätigt wird.

Meist kurz und einhämmernd, in kleinen Einheiten gegliedert, mit Anaphern, Alliterationen, Epiphern (Endungen *-erint*), wenigen durch die Wortstellung bewirkten Hervorhebungen, alles in sparsamer Anwendung, wie es sich für die Adressaten gehört, trägt Titius seine Anklage in wirkungsvoller Form vor, macht die Beibehaltung der lex Fannia unausweichlich.

Im einzelnen: (1) Alliterationen: (a) im eigenen Namen: *scorti stipati, angiporto amphora;* (b) in der wiedergegebenen Rede des Angegriffenen, hier möglicherweise ein Lallen nachahmend: *potius potamus, mulsum mixtum.* (2) Wortstellungshervorhebungen: (a) Chiasmus: *delibuti unguentis, scortis stipati;* (b) Hyperbaton: *nulla est in angiporto amphora;* (c) Voranstellung bzw. Schlußstellung wichtiger Wörter: *ait se omnia audivisse* (statt *se o. a. ait*), *mixtum vino Graeco* (statt *v. G. mixtum*).

Zusammenfassende Übersicht zu Macrobius 3,16,13

Einblick in die Topik und Methodik der Verleumdung oder Verunglimpfung des Gegners und der Emotionalisierung des Publikums:

Der Redner stellt der Plebs vor Augen:	
– den luxuriösen Lebensstil der Angegriffenen	ludunt alea studiose, delibuti unguentis, scortis stipati

– ihren Verstoß gegen die Amtspflichten	ubi horae decem sunt ... faciunt
– die Mißachtung der Prozeßbeteiligten und ihrer Anliegen	ipsus it minctum; ait se omnia audivisse; ‚Quid mihi negoti est cum istis nugatoribus?‘
– ihre körperliche und geistige Zerrüttung, die sie ihrem Amt nicht mehr gewachsen sein lassen	Wortwahl: litteras inspicit; vix prae vino sustinet palpebras
– ihre Maßlosigkeit	nulla est in angiporto amphora, quam non impleant ... ‚Quin potius potamus mulsum mixtum vino Graeco?‘
– die Verlagerung ihrer persönlichen Interessen und Kräfte von öffentlichen Aufgaben – was virtus wäre – weg zur persönlichen Schwelgerei.	ludunt studiose; Spezialkenntnisse auf dem Gebiet von Luxusspeisen (‚Seewolf‘).
Der Redner stellt die wahrscheinlicheren Angriffspunkte aus dem privaten Leben an den Anfang. Er gliedert den Angriff in kleine Kola.	
Er hebt einige besondere Punkte der Verunglimpfung durch die Wortstellung hervor.	Alliteration: scorti stipati; angiporto amphora. Chiasmus: delibuti unguentis, scortis stipati. Hyperbaton: nulla ... amphora.
Er imitiert den lallenden Adligen.	potius potamus; mulsum mixtum.

12. Caesar bei Sueton, Divus Iulius 66 (Text 12)

Appell an das Denken des Volkes bzw. seiner Leser ist auch Caesars stete Maxime in seinen *Commentarii,* weil er seine von Senatsbeschlüssen nicht gedeckten Maßnahmen während seiner Amtsführung in Gallien und erst recht sein Verhalten bei Beginn und im Verlauf des Bürgerkriegs als gerechtfertigt, ja als römischen Maßstäben entsprechend hinstellen will.
Da scheint es erstaunlich, wenn er seine Soldaten mit Drohungen und Vergrößerung der Gefahr beeindrucken und in seinem Sinn lenken will. Ähnlich verhält er sich bei seiner Rede an die Soldaten im *Bellum Gallicum* I 40. Er tritt selbstbewußt auf, läßt den Soldaten nur die Wahl zwischen Gehorsam oder Trennung von ihm, überredet mehr als zu überzeugen, zeigt nirgends Unsicherheit. Anders verhält sich zum Beispiel Curio in seiner Rede im *bellum civile* II 52 ff., was letztlich zu seinem Scheitern führt, da er Unsicherheit und zu viel Sensibilität und Reflexion vor den Soldaten offen zeigt. Aber in seiner genannten Rede im *bellum Gallicum* geht Caesar doch auf die Gefühle der Soldaten ein und versucht, ihnen die Angst vor dem germanischen Gegner zu nehmen. Hier in der von Sueton berichteten Rede tut er das nicht. Man kann daher dieser Rede entnehmen, daß eine Rede auch durch Selbstdarstellung Appellkraft haben kann, wenn der Adressat offensichtlich gar nicht intellektuelle Argumente, sondern Stärkung des Vertrauens in die Führung und Appell an sein eigenes Ehrgefühl braucht. Dies ist in

festen Gruppen, Kampfgemeinschaften, Banden häufig zu beobachten. Weniger reden ist hier offenbar mehr.
Die Rede spricht zunächst die Soldaten direkt an, macht die Gefahr direkt und unmittelbar vor Augen stehend, beeindruckt durch genaue und hohe Zahlenangaben. Caesar weiß offenbar genau Bescheid und sieht doch keinen Grund zur Angst. Die Mutlosen spricht er nicht direkt an, umschreibt sie mit *quidam* und erläßt an sie eine Aufforderung in der 3. Person (*desinant*); dadurch werden sie als vernachlässigbare, kleine Gruppe hingestellt, und jeder der zuhörenden Soldaten kann sich problemlos von dieser Gruppe, zu der er vielleicht selbst gehört hat, distanzieren und sie auf diese Weise tatsächlich klein machen. Eine Strafandrohung am Schluß bestärkt diese Absetzbewegung und das Verlangen, auf der Seite des Wissenden und vor allem des Starken zu sein.

13. Cicero, In L. Pisonem 4–7 (Text 13)

Die Texte 13–15 stammen zwar von zwei Autoren, und die Texte 13 und 14 stellen auch nur kleine Ausschnitte aus einer längeren Cicerorede dar. Aber sie umkreisen alle wesentliche Punkte aus Ciceros Leben und Politik: seine Haltung während der Catilinarischen Verschwörung, sein Balancieren zwischen Caesar und Pompeius, seinen Kampf um Besitz und Ansehen. Es geht somit um verschiedene Wertungen der gleichen Tatbestände. Die historischen Umstände werden durch die Angaben im Werkverzeichnis der Textausgabe sowie durch Texteinleitungen und Kommentarangaben deutlich gemacht. Alle drei Texte haben gemeinsam, daß sie sich vordergründig an ein konkretes Gegenüber richten, in Wirklichkeit aber zu einem großen Publikum über den Angegriffenen sprechen.
Text 13 zeigt, wie hemmungslos Cicero seine Person rühmen kann. Heute neigen nur wenige Politiker dazu, sich selbst und ihre Leistungen in dieser Weise selbst herauszustreichen und gegen andere oder falsche Interpretationen zu verteidigen. Es ist glaubhafter, wenn man andere für sich sprechen läßt oder die Auseinandersetzung auf andere Gebiete und Themen verlagert. Der Text kann also dazu dienen, (a) Ciceros Person in seinen Taten und in seinen Worten vorzustellen, (b) über die Berechtigung und über die Publikumswirksamkeit des Eigenlobs oder der rühmenden Selbstdarstellung nachdenken zu lassen. Sie ist bei jeder Vorstellung als ‚Ego-Rede' zulässig, und es kommt dabei darauf an, sowohl gesundes Selbstbewußtsein zu zeigen als auch Selbstüberschätzung und Selbstanpreisung zu vermeiden.
Cicero geht in seiner Selbstdarstellung sehr weit, stilisiert sie bewußt als Ego-Rede (anaphorisches *ego*), verwendet bildhafte Wendungen (z. B. *tela intenta iugulis civitatis* und *faces iam accensas ad huius urbis incendium* § 5), führt seine Leistungen und Rühmungen fast litaneihaft auf. Geschickter wäre es gewesen, nicht so umfassend die eigene Leistung darzustellen, sondern sich auf die Sätze zu beschränken, die zeigen, daß Cicero von der Zustimmung des Senats (z. B. § 6 *Me Q. Catulus* ...) und des Volkes getragen wird (z. B. § 7 *Mihi populus* ...). Dies scheint nicht nur aus heutiger Sicht zu gelten. Auch in Rom – wo der Ruhmesgedanke eine große und akzeptierte Rolle

spielte — konnte eine so weitgehende Selbstrühmung, wie sie Cicero unternimmt, auf Ablehnung und Zweifel stoßen und Spott und Widerspruch wekken. Dies zeigt nicht zuletzt Sallusts Invektive (Text 15). Caesar hat in seinen Werken seine Selbstdarstellung gern anderen Personen in den Mund gelegt, Augustus hat seine Selbstdarstellung schlicht und unpathetisch formuliert.

14. Cicero, In L. Pisonem 8—10, 31—32 (Text 14)

Die Auswahl aus dem Angriff auf Piso beschränkt sich auf zwei kurze Passagen, die einen Einblick in Ciceros Schimpfwörterkatalog geben und im Inhalt entweder auf seinen Ego-Bericht oder auf die ohnehin notwendige allgemeine Erläuterung im Werkverzeichnis Bezug nehmen. Die Paragraphen 8—10 könnte man auch zusammen mit einer Übersetzung lesen.

Die Anlage der Rede läßt sich gut erkennen. Zunächst findet Cicero einen Übergang zu den Vorwürfen, indem er seinem Konsulat das Pisos gegenüberstellt. Er beleuchtet ihn sodann erst einmal von weitem, indem er Pisos Helfer Cloelius und Clodius aufs Korn nimmt und schon an ihnen Pisos Nachlässigkeit und seine Vergehen gegen den Staat zeigt. Erst dann geht er zur Darstellung und Beurteilung von Pisos eigenen Aktivitäten über und kann § 31 f. eine vergleichende Zwischenbilanz ziehen.

Die Paragraphen 8—10 handeln den Vorwurf, die Wiederzulassung religiöser Vereine hingenommen zu haben, breit ab. Der Verstoß gegen die *auctoritas* des Senats wird immer wieder betont. Pisos Verhalten wird das des Q. Metellus zwei Jahre zuvor gegenübergestellt; Cicero entschuldigt sich bei dem toten Metellus, daß er ihn mit Piso überhaupt in einen Zusammenhang bringt. Dann wird Cloelius' Verhalten in stetem Bezug auf Piso dargestellt, beide werden auch wegen ihres Aussehens angegriffen. Clodius wird umschrieben als *portentum* und *prodigium* (9), und dann wird sein Verhalten in der Angelegenheit ausführlich geschildert und gewertet. Schließlich wird Piso beschuldigt, er habe dies geduldet. Vier Sätze sagen in verschiedener Form das gleiche: ... *cum tu interim* ...: Piso hat sich nicht geäußert; *nondum ... dico:* Cicero betont, er spreche immer noch von den Unterlassungen Pisos, sei noch nicht bei seinen Taten; *neque* ...: er setzt nun aber Zulassen von Verbrechen mit Begehen von Verbrechen gleich; *an potest* ...: dies läßt er sich mit einer rhetorischen Frage bestätigen.

Die Texte können nicht nur diese Technik erkennen lassen, sondern wegen ihrer Schimpfwörter auch das ungläubige Staunen der Schüler auslösen. Die Begleittexte (B 1—3) sammeln alle Schimpfwörter aus der Rede gegen Piso und führen in die Problematik der Invektive und der Möglichkeiten, sich ihr gegenüber richtig zu verhalten, ein.

15. Sallust, In M. Tullium Ciceronem invectivae (Text 15)

Als Verfasser der Invektive gegen Cicero scheint Sallust festzustehen, als Jahr der Veröffentlichung 54 v. Chr. Der Verfasser nennt sich jedoch nicht mit Namen, die Schrift ist eine anonyme Schmähschrift und damit ein politisches Kampfmittel. Mit welchen Mitteln dabei gekämpft werden konnte, zeigen die vielfältigen persönlichen Verunglimpfungen. Die Topik der Invektive (vgl. in der Textausgabe 14 B 1) war von den Griechen längst entwickelt, von den Römern gern und mit Bravour übernommen worden, wenn man an Lucilius und Catull (z. B. *c.* 29) denkt. In Ciceros Zeit hat es eine Vielzahl von Invektiven gegeben, von denen wir aus antiken Zeugnissen wissen, so 61 Ciceros Invektive *In Clodium et Curionem.*

Die Invektive nutzt unbarmherzig persönliche Fehler oder Schwächen aus und wendet sie gegen den Angegriffenen. Sie appelliert an alle Schichten der Leser, an die niederen Instinkte ebenso wie an die geistige Genußfähigkeit, und sie kommt ihnen auch durch die Erfindung von Fehlern und Eigenschaften, zum wenigsten aber durch die Übertreibung, Verzerrung und Vergröberung vorhandener entgegen. Eine gerichtliche Klärung solcher Vorwürfe kannte die Antike nicht, schon gar nicht eine gerichtliche Ehrenerklärung oder das Recht auf Veröffentlichung einer Gegendarstellung auf Kosten des Angreifers. Man konnte sich nur selbst mit Reden und Schriften zur Wehr setzen – oder es bleiben lassen in der Hoffnung, dem Gegner werde seine Schmährede nichts nützen oder sie werde bald vergessen. Die Folgerung, die Vretska (Ausgabe Bd. I, S. 12) daraus zieht, wird man jedoch nur eingeschränkt akzeptieren können: „Darum scherten sich große Geister nicht um das Gekläffe solcher Art (wie von Caesar Cass. Dio 38,11,2 berichtet), kleine gerieten in Erregung – wie etwa Cicero gegenüber Piso." War Cicero ein kleiner Geist, wenn er sich ganz menschlich gegen seine Angreifer zur Wehr setzte? Mußte er Piso nicht mundtot zu machen suchen, der ihn nicht nur mit Invektiven, sondern auch mit schwer widerlegbaren Vorwürfen angegriffen hatte? Und übersah Caesar Catulls Angriffe so ganz und so gelassen? Auf jeden Fall wird man im Übergehen der Angriffe häufig die geschicktere Haltung erkennen. Die Konfrontation einer modernen infamen Verunglimpfung (z. B. Textausgabe 11 B 3) mit der presserechtlich formalisierten Gegenerklärung (z. B. Textausgabe 11 B 4) zeigt, daß der Grundsatz *semper aliquid haeret* auch heute noch nicht als überwunden gelten kann. So ist es für Schüler sicher interessant, außer der Frage nach möglichen Haltungen gegenüber Invektiven auch die Technik der Invektive und ihre Spuren in heutiger Zeit zu erforschen. Zum Erkennen der Technik führen inhaltliche und formale Untersuchungen:
(1) Für die *Topik* der Invektive hatten sich in der Antike die folgenden zehn Gemeinplätze herausgebildet:
1. Vater und Sohn sind Sklaven. – 2. Vater und Sohn sind nichtgriechischer (nicht-römischer) Herkunft. – 3. Der Angegriffene betreibt ein entehrendes Gewerbe, und seine Mutter ist Prostituierte. – 4. Der Angegriffene hat Diebstahl, Tempelraub, Einbruch oder ähnliches begangen. – 5. Vielerlei sexuelle Vorwürfe. – 6. Der Angegriffene haßt Freunde und die Vaterstadt. – 7. Der Angegriffene hat überhaupt ein finsteres Wesen. – 8. Auffälligkeiten in Kleidung, Auftreten, Aussehen. – 9. Feigheit vor dem Feind. – 10. Finanzieller Ruin.
Diese in Anlehnung an Vretska (Ausgabe Bd. I, S. 11, der sich seinerseits auf W. Süss, Ethos, Berlin 1910, S. 247 ff. beruft) dargestellten Topoi sind fast alle genau so oder in ähnlicher Form in der Invektive gegen Cicero verwen-

det; einige weitere sind hinzugekommen. Vretska (Ausgabe Bd. I, S. 33 f.) gibt dazu eine Übersicht. Die folgende Aufstellung folgt jedoch den genannten zehn Topoi:

1. Daß Vater und Sohn Sklaven sind, findet sich nicht. Dafür findet sich der Vorwurf, Nicht-Römer zu sein und sich mit berühmten Familien zu vergleichen. (Vgl. 2) – 2. Cicero wird seine unrömische Herkunft vorgeworfen (§ 5 in der Zählung dieser Textausgabe, *homo novus* § 14, ähnlich § 9). – 3. Ciceros entehrendes Gewerbe ist das des käuflichen Rechtsanwalts (§§ 7, 12, 15, vgl. 22–23). – 4. Ciceros Kriminalität besteht in dem verbrecherischen Erwerb seines Stadtpalastes (§ 9) und in der Erfindung angeblicher Vergehen anderer, um sich so an ihnen zu rächen oder zu bereichern (§ 12), schließlich in der gnadenlosen Ausnutzung der Proskription (§ 17). – 5. Sexuelle Vorwürfe an ihn oder seine Verwandtschaft finden sich §§ 6, 7, 8. – 6. Daß Cicero seine Freunde haßt, zeigt sich wohl im Wechsel seiner Begünstigung und seines Standpunktes (§§ 22–23) und darin, daß er nichts ohne Bezahlung tut (§ 12). – Daß er seine Vaterstadt haßt, geht aus der gesamten Invektive hervor, die Cicero vorwirft, den Staat zu vernichten, um sich persönlich zu bereichern (§§ 12, 13, 17); Cicero habe die *auctoritas* des Senats übergangen und zerstört (§ 4), alle Gesetze mißachtet (§§ 12, 17), sich zum Diktator gemacht (§ 20, auch 17 *erepta libertate*). – 7. Sein insgesamt finsteres Wesen zeigt sich außerdem in seiner totalen Selbstüberschätzung (§§ 2, 16, 19) und in seinem von allen menschlichen Bindungen absehenden gewinnsüchtigen Verhalten. Eine Zusammenfassung dazu findet sich § 15. – 8. Auffälligkeiten in Kleidung und Aussehen spielen im Angriff auf Cicero keine oder kaum eine Rolle (höchstens § 15), wohl aber seine Selbstrühmung und Selbstüberschätzung, die immer wieder als Folie für die Angriffe dient (§§ 10, 14, 16, 20, 21). – 9. Auch Feigheit vor dem – politischen – Feind wird ihm vorgeworfen: § 15 *pedes fugaces,* §§ 22–23. – 10. Von finanziellem Ruin kann keine Rede sein, dafür mehr von verbrecherischen finanziellen Geschäften.

2. Formale Untersuchungen können dem Aufbau und den stilistischen Mitteln gelten.

2.1 Nach Vretska (Ausgabe Bd. I, S. 29) gliedert sich die Invektive in *exordium* (Einleitung), *narratio* (Erzählung des Hergangs, in die die *argumentatio* (Beweisführung) eingearbeitet ist) und *peroratio* (Schluß), und zwar in folgender (hier gegenüber Vretska etwas ausführlicher charakterisierter) Form:

(1) *exordium:* Thema und Publikum (nach der Zählung dieser Textausgabe §§ 1–5): Der Verfasser greift den Gegner an (1–2), wendet sich dann an den Leser (3–4) und kehrt dann zurück zum angegriffenen Cicero (5).

(2) *narratio:* Der Verfasser schildert Ciceros Schande:

(a) Leben und Charakter Ciceros (5–12)
Jugend und Heim (5–9)
Übergang mit empörter Feststellung von Ciceros Frechheit: *atque haec cum ita sint, tamen ...* (10a)
Konsulat und Tätigkeit danach (10b–12).

(b) Aufforderung zur Widerlegung der Beschuldigungen (13).

(c) Ciceros politische Tätigkeit (14–20)
Cicero und die *virtus* (14–15)
Übergang: *Atque is cum eiusmodi sit ...* (16a)
Ciceros Konsulat (16–18)
Ciceros Dichtungen (19–20).

(3) *peroratio* (21–23): Einleitung mit *sed* und einer abbrechenden Frage (21 a); *praeteritio:* ironische Zitierung eingebildeter Äußerungen Ciceros (21 b); Darstellung von Ciceros Unglaubwürdigkeit aufgrund seiner schwankenden Parteinahme (22–23).

2.2. Diese Gliederung kann etwas anders erfolgen oder noch differenziert werden, wie sich aus der folgenden Inhaltsdarstellung mit Berücksichtigung bestimmter Wiederaufnahmen und Gliederungswörter ergibt.
Zu Beginn (*exordium*) wird Cicero als wahnsinniger und maßloser Mensch hingestellt, dessen Treiben Einhalt geboten werden muß (1–2). Geschickt beginnt der Verfasser mit einer im Irrealis formulierten Hypothese, die die Schwere der Schmähungen Ciceros zeigen und ihm den Anlaß zur Invektive unterschieben. Sodann wird die Notwendigkeit der Invektive damit begründet, daß Ciceros Maßlosigkeit Einhalt geboten werden müsse. Beide Sätze sind etwa gleich lang, haben einen rhythmisch ausschwingenden Schluß und leben von ausdrucksvollen Gegenüberstellungen im Kleinen (*iudicio magis quam morbo, male dicendo – male audiendo, cepisti – amittas*) wie im Großen: Satz 1: ‚Ich würde deine Beleidigungen empört hinnehmen, wenn ich wüßte, daß du aufgrund von Urteilskraft so frech bist'; Satz 2: ‚Aber da du maßlos bist, antworte ich dir, damit du das Vergnügen an deiner Frechheit verlierst'; also: Gegenüberstellung: *iudicium* (Irrealis) – *neque modum* (Realis) und *paterer* (Irrealis) – *respondebo* ... (Realis).
Sodann wird der anzusprechende Leserkreis auf den Senat begrenzt. Das Volk sei schon unempfindlich geworden, der Senat von Cicero in empörender Weise degradiert worden. Wirkungsvoll formuliert der Verfasser diese Entscheidung als Gespräch mit Fragen und empörten, klagenden Antworten. Ciceros Behandlung des Senats wird mit seiner eigenen Herkunft konfrontiert. Die Sätze 3–4 sind eine Konkretisierung des Anfangs von Satz 3, *diripi rem publicam* setzt sich fort in *largitionibus corruptus est* und in *auctoritas ... ludibrio est; audacissimo cuique* setzt sich fort in *turpissimo cuique et sceleratissimo, praedae* in *ludibrio* und im Satz 5: *ita moderatur quasi unus e familia ... ac non reperticius ...* Cicero ist der Zerstörer, der Räuber, der Schändliche.
Der Tatbericht (*narratio*) beginnt mit zwei Fragen, die die Antwort enthalten (rhetorische Fragen). Die zustimmenden Antworten werden Cicero selbst abverlangt. Cicero wird mit sexuellen Vorwürfen schlecht gemacht; er habe sich seinem Redelehrer körperlich hingegeben. Ciceros Rhetorik wird als direktes Ergebnis der Art ihres Erwerbs hingestellt: Erwerb und Rhetorik sind maßlos und schamlos (6–7). Wieder schaffen Wortwiederholungen (*flagitiosum/flagitiose*) und Wortgegensätze (*flagitiose venditas – turpissime parasti*) sowie die Konnektoren (*scilicet – itaque*) eine Verklammerung, die sich aus der Sache eigentlich nicht ergibt. Hier beginnt auch, was dann weiter den Wortgebrauch bestimmt: die Verwendung steigernder Komposita (*col-libuisset, per-didicisti*). Von wo aus leitet Cicero seinen Anspruch und seinen Stolz her? Der Verfasser macht sich ironisch Gedanken darüber und kommt nun auf Ciceros prächtiges Stadthaus, seine Gattin, seine Schwester, seine Tochter zu sprechen, spart nicht mit Vorwürfen aus dem Bereich des Sexuellen und des Finanziellen (8–9). Alles nimmt den Eingangsvorwurf von der unrömischen Herkunft

auf (5). Wieder wird Cicero mit einem angesehenen Römer konfrontiert (in 5 mit Scipio, in 9 mit Crassus). Ciceros Römertum ist äußerlich, ‚neureich', durch Raub und Anmaßung entstanden. Hier haben Alliterationen eine unterstreichende Wirkung.

Dann wird Ciceros eigener Anspruch, Ciceros Selbstinterpretation, in maßlosen Metaphern seiner Dichtung dargestellt, die trocken kommentiert werden (10). Danach wird die Wahrheit der Dichtung gegenübergestellt, Ciceros Konsulat sogar als Ursache der Catilinarischen Verschwörung bezeichnet (11). Der gefährliche Satz wird so formuliert, als ob er eine allgemein bekannte Tatsache ausspräche.

An den bisherigen Inhalt (8–11), der ja vom Verfasser angenommene Begründungen für Ciceros Stolz so total widerlegte, wird nun eine neue Gruppe von Gründen angereiht, die – so der Verfasser scheinheilig – vielleicht eher Anlaß zum Stolz geboten haben (12). Hier wird Ciceros ganz am persönlichen Gewinn orientierte Anwalts- und politische Tätigkeit angegriffen. Alle moralischen und politischen Maßstäbe hätten gefehlt. Und Gesprächspartner seien nicht Konsuln, Senat und Volk, sondern seine Frau gewesen. In einer schönen, parallelen, in sich aber variierenden Darstellung (*cum – alios – alios –, cum – alius – alius –*) werden die Fakten aufgeführt; ebenso werden die, die Ciceros Spiel nicht mitmachten und als seine Opfer dargestellt werden, in Vereinzelungen genannt: *is erat – is aut – aut –, de eo –*). Jetzt erscheint die Catilinarische Verschwörung als Hirngespinst Ciceros, als Mittel, ihm nicht Willige zu diffamieren, zu verurteilen und auszuschalten.

Dieser Abschnitt wird abgeschlossen durch die Darlegung, daß Cicero keinen Gegenbeweis, keinen Beweis seiner Unschuld liefern könne. Daher: *opulentiam istam ex sanguine et miseriis civium parasti,* ‚deinen ganzen Reichtum hast du aus dem Blut und dem Unglück der Römer erworben' (13).

Wieder wird mit *verum* (14) ein neues, möglicherweise ehrenhaftes Motiv vorgestellt und dann widerlegt (*immo vero* 15), abgeschlossen mit einer Dihaerese des Begriffs *homo levissimus.* Wieder wird dieser Wahrheit Ciceros Dichtung entgegengehalten und nun systematisch in einer Aufzählung zerpflückt (16–18). Cicero wird schließlich gebeten, seiner Unverschämtheit in Taten nicht noch weiterhin Unverschämtheit in Worten folgen zu lassen (19). Einem weiteren Zitat aus seiner Dichtung folgt die Gleichstellung Ciceros mit dem Diktator Sulla (20).

Die Reihe möglicher Gründe für Ciceros Überheblichkeit wird nun abgebrochen (21). Ironisch werden Ciceros stolze Worte zitiert, scheinbar ein Grund, nicht von Überheblichkeit zu sprechen, in Wirklichkeit eine Bestätigung der Überheblichkeit und eine Widerlegung oder Zurückweisung seiner zitierten Worte.

Cicero wird nur um die Antwort auf eine einzige Frage gebeten: Auf welcher Seite steht er? Für die Antwort gibt der Verfasser selbst Hinweise, indem er mehrere Beispiele für Ciceros Seitenwechsel anführt. Die Antwort erübrigt sich durch die abschließende Feststellung *neque in hac neque in illa parte fidem habens.*

Der Verfasser versucht also, in scheinbarer Fragehaltung alle Motive für Ciceros Selbsteingenommenheit zu untersuchen. In aller ‚Unschuld' kann er dabei sämtliche Negativa Ciceros aufzählen, Anspruch und Wirklichkeit einander gegenüberstellen. Selbst Ciceros Verdienste lassen sich dabei als Verbrechen interpretieren und Verbrechen wie die Catilinarische Verschwörung als Erfindung oder als Reaktion auf Ciceros Verhalten auslegen. Nach dieser Geschichtsklitterung kann Ciceros Person und Beurteilung auf eine einzige aktuelle Perspektive reduziert werden: sein offensichtliches Lavieren zwischen den Parteien.

Hauptmittel der Sallustischen Invektive sind also:
- Unterstellung des mangelnden Augenmaßes
- angebliche Beschränkung auf Ciceros maßlose Selbstüberschätzung
- ironische Einnahme eines Ciceronischen Standpunktes
- ironische Darstellung von Negativa als mögliche Positiva (mit umso besserer Widerlegunsmöglichkeit)
- sexuelle, moralische und politische Verleumdungen
- Konfrontation von Dichtung und Wahrheit
- Herstellung eines Einvernehmens mit den Senatoren (Lesern) durch
  - Hinweis auf ihre – angebliche – Entrechtung und Bevormundung durch Cicero
  - sofortiges Ausgehen von diesem Einvernehmen bei der Beurteilung von Ciceros Taten
  - Entlastung von Schuld an der Catilinarischen Verschwörung und deren Neuinterpretation für ehemalige Beteiligte und Sympathisanten unter den Senatoren.

Diese inhaltlichen Mittel äußern sich **sprachlich-stilistisch** vor allem in der Verwendung
- der Ironie
- rhetorischer Fragen
- von Wiederaufnahmen und Oppositionen (Gegenüberstellungen)
- von verstärkenden Verben und Formen: verba intensiva, verba composita, Superlative
- von verstärkenden Alliterationen und Dihaeresen.

16. Cicero, de oratore 3,209–213 (Text 16)

Es ist nach der bisherigen Lektüre möglich, ein Resumé der erarbeiteten theoretischen Kenntnisse und der Eindrücke aus der Praxis zu erarbeiten. Arbeitsaufträge zu den Texten 1–15 haben hierzu genügend Vorarbeit geleistet. Die Texte der Phase 6 können dieses Resumé teils ersetzen, teils erweitern, teils sichern, teils reflektieren lassen. Dies bedeutet, daß es auch möglich ist, einige Texte auszulassen.

In Text 16 bezeichnet Cicero die Redepraxis als das schwerste (§ 209: *usus in hoc toto dicendi studio difficillimus*). Er geht vom Einfachen und Offensichtlichen aus: Nicht jeder kann zu jedem jederzeit und bei allen Anlässen nach dem gleichen Rederezept verfahren. Berücksichtigen muß man: (a) *causa:* Anlaß, Sache; (b) *auditor:* Hörer, Adressat; (c) *persona:* Rolle, die man als Redner zu erfüllen hat (Status, Amt); (d) *tempus:* Zeitpunkt. Zu ihnen muß das orationis genus passen (*congruere*).

Im folgenden bringt er eine erschöpfende Aufzählung von Beispielen, die die vier Kriterien für die Wahl des Redestils erläutern.

Daraus folgert er, daß sich keine einfachen Regeln geben lassen außer der Leerformel, die Redegestalt müsse dem Ziele angemessen sein und zwar bei allen drei Stilarten, die er hier *oratio plenior, tenuior* und *mediocris* nennt.

Die Leerformel für die Verwendung der Schmuckmittel (*ornamenta*) in der Rede lautet, man solle sie mal intensiver (*contentius*), mal verhaltener

(*summissius*) anwenden. Die Regel läßt sich an bereits bearbeiteten Reden oder Redeteilen überprüfen, die verhaltenere Anwendung zum Beispiel bei der Titiusrede (T 11), die intensivere bei der Gracchusrede (T 10).
Bei jeder Gelegenheit das Angemessene tun zu können, sei Sache von Natur(anlage) und Kunst(fertigkeit, Können); es zu wissen, sei Sache der Klugheit (*prudentia*). Man weiß, daß Cicero hier das *posse facere,* die Fähigkeit, höher bewertet, und an einer Vielzahl von Beispielen zeigen ja die Gesprächspartner seiner Dialoge über Rhetorik, wie sie und andere Vorbilder sich in vielerlei Redesituationen durch Planung, Witz, Schlagfertigkeit, Reaktionsschnelligkeit, historische und juristische Beschlagenheit bewährt haben. Diese Stellen sind meist zu klein und oft auch zu voraussetzungsreich und dadurch für den Schüler schwierig. Deswegen wird man nur wenige von ihnen oder gar keine mit den Schülern lesen können. Einige wenige Beispiele sind die Texte zum Witz und zur Schlagfertigkeit (T 18).
Redestil und Schmuckmittel können aber, so betont Cicero, nur durch den Vortrag zur Geltung kommen. Der Vortrag entscheidet über die Wirkung. Und so kann ein mäßiger Theoretiker blendende Theoretiker übertreffen (wie ja in manchen Situationen der bewußte Verzicht auf alle Rhetorik gerade die beste Wirkung hat und am meisten rhetorisches Talent verrät).

17. Auctor ad Herennium 3,15, 26–27 (Text 17)

Wie nun eine solche Anweisung zur *actio* aussieht, das wird bei Cicero etwa im Anschluß an den vorigen Text mit einigen historischen, vor allem aber literarischen, insbesondere dem Drama entnomenen Beispielen deutlich gemacht. Der Verfasser der Schrift *Rhetorica ad Herennium* versucht es zum Beispiel auch auf folgende Weise: Er zeigt, welche Körperhaltung zum Redner und zum Anlaß gehört. Er behandelt dabei *Gestus* und *Vultus,* Bewegung und Gesichtsausdruck. Zicl ist, das Gesagte wahrscheinlicher (*probabiliora*) zu machen. Dazu muß man ehrenhaft und energisch aussehen (*in vultu pudorem et acrimoniam esse*) und darf sich nicht zu fein oder zu grob bewegen, weil das eine an den Schauspieler erinnert und unecht wirkt, das andere an den Arbeiter erinnert und somit die würdevolle Energie verliert.
Und wie es für alle Gelegenheiten eine bestimmte Stimmführung und Tongebung gibt (*vox*), so auch bestimmte Körperhaltungen (8–25).

18. Cicero, de oratore 2,216–289 in Auswahl (Text 18)

Dieser Abschnitt kann der amüsanten Lektüre dienen. Das Verständnis der Fachausdrücke und der Voraussetzungen einzelner Witzbeispiele wird durch die Kommentierung erleichtert.
Witz ist nicht jeder Natur gleichmäßig gegeben (216), der Witz steht zwar der Analyse offen, aber ihn selbst anzuwenden, das hängt von der natürlichen Gabe ab, und gerade hier darf nicht das Einstudierte deutlich werden (216). Man kann sich an Ovids *si latet ars, prodest* (*ars amatoria* II 313, Text 2) erinnern und an die dort erarbeiteten Ergebnisse.

Witz muß sich vorwiegend als Reaktion zeigen. Er kann dann nicht als bewußte Kränkung ausgelegt werden, und die geistige Leistung ist bei der schlagfertigen Replik am höchsten einzustufen (230).

Die Untersuchung des Lächerlichen hat die fünf Bereiche (235)
(1) *quid sit,* ‚was es ist' – Physiologie des Lachens (235);
(2) *unde sit,* ‚woher es kommt' – Topik des Witzes (236);
(3) *sitne oratoris risum velle movere,* ‚gehört es zum Ethos des Redners, Lachen erregen zu wollen?' (236);
(4) *quatenus,* ‚wie weit er dabei gehen soll' (237–239);
(5) *quae sint genera ridiculi,* ‚was die Arten des Lächerlichen sind' (240–277).

Die erste Frage wird kurz in § 235 gestreift: die Physiologie des Lachens könne ausgelassen werden.

Die zweite Frage wird § 236 kurz abgetan: Witz hat es mit dem Häßlichen in Verhalten (*turpitudo*) und Aussehen (*deformitas*) zu tun. Die Bereiche, aus denen der Witz seine Inhalte erhält, sind damit bestimmt. Eine Einschränkung erfolgt §§ 237–239.

Die dritte Frage wird uneingeschränkt positiv beantwortet. Witz bringt Sympathie (*benevolentia*), zeigt Geistesschärfe (*acumen*), führt zur Abwehr des Gegners oder zum Sieg über ihn, mildert Härte und löst oft ein rational schwer zu bewältigendes Problem (236).

Die vierte Frage, wie weit man beim Witz gehen darf, wird im Sinne der aristotelischen Mesoteslehre beantwortet (237–239): (a) Witz darf sich nicht gegen Menschen richten, die besonders verbrecherisch oder besonders unglücklich sind; hier sind andere Kategorien zur Charakterisierung notwendig. – (b) Spott darf sich nicht gegen allgemein beliebte Leute richten, weil er sonst auf den Urheber zurückfällt.

Die fünfte Frage wird besonders ausführlich beantwortet. Es werden zwei Arten des Witzes unterschieden (240): (1) Witze, die ihre Wirkung der Sache (*res*) verdanken, (2) Witze, die ihre Wirkung der Formulierung (*dictum*) verdanken.

Als Beispiel für den Sachwitz bringt Caesar Strabo die Anekdote, deren Erfindung und Fiktionalität ausdrücklich zugelassen werden. Der Wortwitz oder der Witz durch Formulierung wird generell als Pointierung im einzelnen Ausdruck oder im gesamten Gedanken definiert (244); es gibt also Witze, die mehr auf Tropen, und Witze, die mehr auf Figuren zurückzuführen sind. Die Techniken und Beispiele ergeben sich aus der gegliederten Darstellung in der Textausgabe: (a) Witz durch Ambiguität, (b) Witz durch Paronomasie, (c) Witz durch Wörtlichnehmen (umgekehrte Distinktion), (d) Witz durch Allegorie, Metapher, Ironie im Einzelwort, (e) Witz durch Verwendung von Gegensätzen (Antithesen); (f) Witz durch Ausdruckssteigerung; (g) Witz durch Ironie; (h) Witz durch bewußtes Mißverstehen (umgekehrte Distinktion auf gedanklicher oder auf Satzebene). Die unter a–e genannten Formen lassen sich mehr der Pointierung im Einzelwort, die unter f–h genannten der Pointierung im Gedanken zuordnen.

Schließlich macht Caesar Strabo noch darauf aufmerksam, daß der Redner seinen Witz ernst oder trocken anbringen soll. Dies paßt zur Eingangsbemerkung, daß er nicht einstudiert wirken soll (289).

Zusammenfassende Übersicht zu Cicero, de or. 2,216–289

Kenntnis einiger Techniken, Wirkungen und Verwendungsprinzipien des Witzes:

Man kann den Witz in fünf Fragerichtungen untersuchen:	§ 235
– Physiologie	quid sit 235
– Topik	unde sit 236, dazu 236: im Bereich des Häßlichen in Verhalten (turpitudo) und Aussehen (deformitas).
– paßt er zum Redner?	sitne oratoris risum velle movere 235, dazu 236: Witz verschafft Sympathie (benevolentia), zeigt Geistesschärfe (acumen), trägt zum Sieg bei, kann Härte mildern.
– wie weit darf man gehen?	quatenus 235, dazu 237–239: nicht gegen unglückliche oder verbrecherische Menschen, nicht gegen allseits angesehene. Das erste verstößt gegen den Anlaß, das zweite verscherzt Sympathien für die eigene Person.
– die Arten des Lächerlichen	quae sint genera ridiculi 235, dazu: 240–277.
Kenntnis der Ciceronischen Einteilung in – Sachwitz (Pointierung durch die Sache, res) – Wortwitz (Pointierung durch die Formulierung, dictum)	§ 240. Ein Vergleich mit neueren Theorien des Witzes kann im allgemeinen entfallen, weil Ziel dieser Unterrichtsreihe Kenntnisse und Fähigkeiten auf dem Gebiet der Rhetorik sind.
Kenntnis einiger Techniken des Witzes durch Formulierung:	Es genügt die Kenntnisnahme und die Freude an den Beispielen.
– Ambiguität	§§ 250, 253
– Paronomasie	§ 256
– Wörtlichnehmen	§ 259 f.
– Allegorie, Metapher, Ironie im einzelnen Wort	§ 261 f.
– Antithese	§ 263
– Ausdruckssteigerung	§ 267 f.
– Ironie als Gedankenfigur	§§ 269, 272
– bewußtes Mißverstehen	§§ 275–277
Einsicht in die Forderung, sich beim Witzeerzählen ernst und trocken zu geben.	§ 289. Zurückführung der Forderung auf die Forderung, daß Rhetorik nicht aufgesetzt wirken soll.

19. Auctor ad Herennium 4,54–57 (Text 19)

Damit die Wirkung verschiedener stilistischer Mittel noch einmal beobachtet werden kann, folgen aus der ‚Rhetorik an Herennius' vier Reden über das gleiche Sujet, die durch den Einsatz verschiedener stilistischer Mittel unterschiedlichen Charakter haben. Ein solcher Vergleich kann auf die Dauer ermüdend wirken, und die Gefahr, den brisanten Inhalt (*dulce et decorum est pro patria mori*) außerachtzulassen, ist groß. Aber da sich das Wortmaterial wiederholt und der Gesamtinhalt nur einmal zu erschließen ist, ist ein gutes Lesetempo möglich. Und der Inhalt kommt als Problem wohl zu kurz — was dem Auctor ad Herennium auch unterläuft —, jedoch werden die Wirkung und die Vermittlung eines Gedankens untersucht, wodurch sich auch für den Gedanken selbst einige Aufschlüsse ergeben.

Der Verfasser bespricht die Ausschmückung (*expolitio*) und unterscheidet dabei die Darstellung einer Sache in verschiedener Form (*eandem plane dicemus rem* 54) und die Darstellung einer Sache in verschiedenen inhaltlichen Unterabschnitten (*de eadem re dicemus*). Er bringt dafür im ganzen vier Redebeispiele zu demselben Thema. Den Zusammenhang und die Hauptgesichtspunkte, unter die der Autor das Redebeispiel stellt, werden aus den auf deutsch abgedruckten, teilweise gekürzten Zwischentexten sichtbar.

Rede A (IV 54) zeigt die Veränderung durch Worte, die Wiederholung des Themas in anderer Formulierung, die Periphrase und Epimone. Satz 1 bringt das Thema, Satz 2 setzt an die Stelle einfacher Wörter des ersten Satzes Umschreibungen:

Für *periculum* steht *cum agetur incolumitas perpetua civitatis,* dann *vitae dimicationem.*

Für *sapiens* steht *qui bonis erit rationibus praeditus.*

Für *pro salute patriae* steht *pro fortunis rei publicae,* dann *pro patria.*

Für *vitandum arbitretur* steht zunächst *fugiendum putabit,* dann *quamvis in magnum descendat ...*

Die Veränderung der Satzstrukturen hat ebenfalls neue Wörter zur Folge: *nullum* **tantum est** *periculum,* **quod** *-ndum arbitretur* verlangt bei der veränderten Struktur des folgenden Satzes die Wörter *profecto* und *studiose* sowie das Futur.

Rede B (IV 55) verdeutlicht die Sermocinatio. Die Rede des Sapiens ist mit je zwei Sätzen eingerahmt. Der erste Satz kehrt am Schluß ähnlich wieder, jedoch steht *sapiens* als *ipse* weiter hinten, und aus dem Glauben ist eine Tatsache geworden. Der zweite Satz kehrt als vorletzter Satz in umgekehrter Wortfolge wieder: *Saepe ipse secum loquitur — haec loquitur secum sapiens saepe.* Satz 1 und 2 kehren am Schluß in umgekehrter Reihenfolge, also chiastisch wieder.

Die Rede des Sapiens ist eine Ekphrasis und lebt von einer Klimax (Aufzählung *aluit haec me ... disciplinis*), die den ersten Gedanken *natus sum patriae* begründet. Dieser Gedanke wird am Anfang antithetisch, am Schluß in einer rhetorischen Frage formuliert. Alliterationen heben einige Wörter im gesamten Text hervor und fassen sie zusammen.

Rede C (IV 55—56) ist eine appellative Rede. Der Redner bringt am Schluß seine eigene Person ins Spiel (*equidem ... possum*) und stellt Übereinstimmung mit den Hörern fest, die ebenfalls genannt werden (*vobis omnibus*). Sie beginnt mit einer langen rhetorischen Frage, die im Hörer geradezu Lust erweckt, dem Weisen und seinem Einsatz für das Vaterland zuzustimmen, weil

eine andere Haltung als überhaupt nicht wünschenswert und als dumm erscheint.
Das stilistische Inventar ist ausgeweitet: am Beginn der rhetorischen Frage zwei Fragehauptsätze (*quis ... cuius ...*); sie drücken dasselbe aus, umschreiben einander: ein Groß-Hendiadyoin mit Anapher im Polyptoton; später der Hendiadyoin *studiosissime laudet et sapientissimum iudicet,* drei Paraphrasen für ‚Glück des Vaterlands' mit anaphorischem *pro,* der Hendiadyoin *studiose suscipiat* (die geistige und bewußte Übernahme einer Gefahr) – *libenter subeat* (das affektive Aufsichnehmen einer Gefahr).
Rede D (IV 57) ist eine lange, gegliederte Rede, die ihr Thema in sieben Abschnitten behandelt und beweisen will: (1) Nennung von Thema oder These (*sapiens ... vitabit*). – (2) Begründung: *ideo ... putandum est.* – (3) Wiederholung des Themas in zweigeteilter Form: (a) durch Formulierung eines Urteils über die, die anders handeln (*ergo ... faciunt*), mit Begründung (*nam ... reperiuntur*); (b) durch ausführlichere Wiederholung der These, wobei der Weise und sein Handeln dem des Toren gegenübergestellt werden, ebenfalls mit Begründung (*at ... multis*). – (4) Beurteilung des Verhaltens dessen, der sein Leben nicht für den Staat einsetzt (*etenim ... venire*). – (5) Anführung eines Vergleichs (*ita uti ... enatare*). – (6) Anführung eines Beispiels (*quod ... enitescit*). – 7. Schlußfolgerung.
Das stilistische Inventar ist hier nicht reicher an Figuren, es wird vielmehr die inhaltliche Variation eingesetzt. Wichtig sind die Antithesen am Schluß des sechsten Teils: *vitam dedit, accepit patriam, amisit animam, potitus est gloriam.* Hieran kann sich auch eine Inhaltsdiskussion anschließen, die in eine ähnlich aufgebaute Rede über die Gegenthese einmünden kann.

Zusammenfassende Übersicht zu Auctor ad Herennium 4,54–57

Fähigkeit, die Anwendung der rhetorischen Schmuckmittel in Abhängigkeit vom Redeziel zu sehen und den dadurch verursachten unterschiedlichen Charakter von Reden gleichen Inhalts zu erkennen.	Es sollen nur die vier Redebeispiele in den §§ 54–58 übersetzt, analysiert und rezitiert werden. Die theoretischen Zwischentexte sind in deutscher Übersetzung zu lesen. Der Verfasser der Rhetorik an Herennium zeigt an vier Beispielen, wie sich stilistische Mittel auf den Charakter der Rede auswirken.
A. Erste Rede, § 54 Veränderung des Gedankens durch Wortwahl, d. i. Periphrase. Wirkung: Nachdrücklichkeit.	Der Charakter des zweiten Satzes wird (als Periphrase) erkannt, indem man aus Satz 1 die Begriffe periculum, sapiens, pro salute patriae, vitandum arbitretur herausschreiben läßt und ihre Umschreibungen im zweiten Satz erkennen läßt. Vergleich mit der Gracchusrede Gellius 9,10,1 (T 10).
B. Zweite Rede, § 55	Die zweite und dritte Rede werden zusammen unter dem Gesichtspunkt ‚Veränderung des Stils durch unterschiedliche Zielsetzung' angeführt.

Vorführung einer Reflexion durch Einführung einer anderen Person (Prosopopoiie).	Einrahmung der Sapiens-Rede durch je zwei Sätze. Der Schluß wiederholt chiastisch den Anfang. Einsatz von Klimax (aluit – produxit – munivit), Antithese mihi – patriae, fato – saluti), rhetorischer Frage (quid est, quod a me satis ei persolvi possit ...?), Alliterationen (bes. im Rahmen: secum sapiens saepe).
C. Dritte Rede, §§ 55–56 Beispiel für den Appell an die Hörer:	
Beteiligung der eigenen Person	equidem/possum
Nennung der Hörer	vobis omnibus
Feststellung der Übereinstimmung von Redner und Hörer	Vgl. Gracchusrede Gell. 9,10,1 am Anfang.
Rhetorische Frage	Quis est ...
Anapher/Polyptoton	quis – cuius; qui – qui.
Hendiadyoin	studiosissime laudet et sapientissimum iudicet
Periphrasen	‚Glück des Vaterlands': salus patriae/incolumitas civitatis/fortunae rei publicae.
D. Vierte Rede, § 57 Gegliederte Rede mit erschöpfender Behandlung des Themas in sieben Abschnitten:	
1. Themanennung	sapiens nullum pro rei publicae periculum vitabit
2. Begründung	ideo, quod ... putandum est
3. Wiederholung (a) durch Formulierung eines Urteils über anders Handelnde, mit Begründung;	ergo ... faciunt
(b) durch Wiederholung der These des Anfangs, mit Begründung.	at ... multis
4. Beurteilung des entgegengesetzt Handelnden/Gegenbeispiel.	etenim ... venire
5. Vergleich.	ita uti ... enatare
6. Beispiel.	quod ... enitescit
7. Schlußfolgerung	quodsi ... vitant.
Erprobung der eigenen Fähigkeit durch Bau einer ähnlichen Rede.	Am besten – um auch dem problematischen Inhalt gerecht zu werden – über die Gegenthese.

20. Seneca, Epistulae ad Lucilium 40 (Text 20)

Senecas Brief 40 kann die Erkenntnisse aus den Texten 16 und 17 an einem Beispiel vertiefen. Seine Lektüre sollte jedoch Leistungskursen, also auch einem späten Einsatz des Kurses ‚Redekunst – Lebenskunst' zugewiesen werden. Gesichtspunkte für die Behandlung des Seneca-Briefes könnten sein:

(1) Der Zusammenhang von Vortragsweise/Redestil und Person und Lehre des Redners (§§ 2, 6, 7, 13 mit Anwendung auf Lucilius, 14). Daß vom Philosophen eine geordnete Redeweise verlangt wird, könnte mit dem agitatorischen Redestil einiger philosophisch-soziologisch geschulter oder tätiger politischer Führer der neueren Zeit konfrontiert werden. Dabei kann freilich eingewandt werden, daß der Philosoph eine Philosophievorlesung anders hält als eine politische Rede und daß gegen die Übernahme mehrerer Funktionen so lange nichts gesagt werden kann, wie die Funktionen auch verschiedene Redestile nach sich ziehen. Aber das wäre eine moderne Unterscheidung, und sie gilt nicht einmal immer für die genannten Führer.

(2) Die Berücksichtigung des Hörers (§§ 3, 8).

(3) Die Berücksichtigung der Sache und des Ziels (§§ 4, 5).

(4) Senecas eigener Stil, insbesondere die Heranziehung von Vergleichen (§§ 7, 8) und Beispielen (§§ 9–10, 12). Darauf kann dann bei der Behandlung der vierten Rede des Textes 19 Bezug genommen werden (*Auctor ad Herennium* IV 57).

(5) Nationale Unterschiede bei der Anwendung und der Beurteilung von Redestilen (§ 11).

(6) Die Betonung der Einübung des philosophischen Redestils (§§ 9, 14).

21. Cicero, de officiis 1,132b–137 (Text 21)

In seinen Ausführungen über den Lebensstil der harmonischen Persönlichkeit, die Züge des stoischen Weisen und des idealen Römers hat, schaltet Cicero auch Gedanken darüber ein, wie man anderen Menschen in Rede und Gespräch zu begegnen habe. Er geht aus von der großen Wirkung der Rede (*magna vis orationis* 132) und unterteilt die Rede in die öffentliche (*contentio*) und die private (*sermo*). Der öffentlichen Rede werden als Phänomene zugeordnet: *disceptationes* (Auseinandersetzungen) bei *iudicia* (Gerichten), *contiones* ((Volks-)Versammlungen) und *senatus* (Senat): die drei klassischen Gelegenheiten öffentlicher Rede, die alle drei auch im ersten Text der Unterrichtsreihe (Ovid, *a.a.* I 460 f.) genannt wurden und von denen zwei in den Texten 10–11 (Volksrede) und 13–14 (Senatsrede) berücksichtigt wurden. Der privaten Rede werden als Phänomene zugeordnet: *circuli* (kleiner Kreis), *disputationes* (Erörterungen), *congressiones familiarium* (Zusammenkünfte vertrauter Freunde).
Sodann bedauert Cicero, daß es nur für die öffentliche Rede Anweisungen (*praecepta*) gibt, obwohl auch für das private Gespräch solche gegeben werden könnten. Er ist so ein Vorläufer Ovids, der *ars amatoria* I 459–462 (Text 1) sich ebenfalls als Lehrer privater Gesprächsführung anbietet und wohl ein ähnliches Bedauern andeutet.

Cicero geht dann (§ 133) aber zunächst auf die Stimme (*vox*) ein, nennt als Anforderungen an sie, daß sie deutlich (*clara*) und angenehm (*suavis*) sein soll, und zeigt, daß hier Naturanlage erforderlich, Übung aber förderlich ist. Die sich anschließenden Beispiele (133b) kann man bei der Lektüre auslassen und bei § 134 weiterlesen.

Danach geht Cicero ausführlich auf das Gespräch ein (134), umschreibt es als *hic sermo, in quo Socratici maxime excellunt,* ‚dieses Gespräch, in dem die Sokratiker am meisten brillieren', wenig später als *sermo communis,* ‚das gewöhnliche Gespräch'. Die Anweisungen dafür sind:

(1) *Sit levis minimeque pertinax, insit in eo lepos:* ‚es soll gelassen und keinesfalls rechthaberisch sein; Charme soll nicht fehlen.'

(2) *Nec vero excludat alios, sed vicissitudinem non iniquam putet:* ‚es soll andere nicht ausschließen, sondern Abwechslung für nicht unangemessen halten', also nicht in eine Fachsimpelei zwischen zwei Experten ausarten, bei der sich andere Anwesende langweilen, sondern allen mit ihren Fähigkeiten und Interessen die Teilnahme ermöglichen – auch dies ein Zeichen, daß ein Mensch akzeptiert und geschätzt, seine Gedanken- und Gefühlswelt ernst genommen wird.

(3) *Videat in primis, quibus de rebus loquatur, si seriis, severitatem adhibeat, si iocosis, leporem:* ‚Vor allem soll es darauf achten, über welche Themen gesprochen wird: wenn über ernste, soll es in ernsthafter Haltung erfolgen, wenn über heitere, mit Charme.' Auch dies liegt im Interesse des sachlichen Ergebnisses des Gesprächs und vor allem des Gefühls, das der Gesprächspartner bekommen muß: Er wird entsprechend seinem Anliegen akzeptiert, dieses wird inhaltlich voll verstanden, nicht etwa wird ein ernstes Thema rein ästhetisch betrachtet (wodurch sich ihm auch heitere Aspekte abgewinnen lassen), nicht etwa geht der Gesprächspartner mit ‚Bierernst' auf Scherzhaftes ein und zeigt damit, daß er sich überhaupt nicht auf sein Gegenüber einstellen kann, geistig und seelisch unbeweglich, im Grunde ganz in seiner eigenen Denk- und Gefühlswelt befangen ist.

(4) *In primisque provideat, ne sermo vitium aliquod indicet inesse moribus; quod maxime tum solet evenire, cum studiose de absentibus detrahendi causa, aut per ridiculum aut severe, maledice contumelioseque dicitur:* ‚Und besonders soll es achtgeben, daß das Gespräch nicht anzeigt, daß ein Fehler im Charakter vorliegt, was besonders dann einzutreten pflegt, wenn absichtlich über Abwesende, um sie herabzuziehen, entweder im Scherz oder ganz ernsthaft in schmähender und ehrabschneiderischer Weise gesprochen wird.' Diesen häufig zu beobachtenden menschlichen Drang läßt Cicero also nur zu, wenn man einmal unabsichtlich und ohne Schadensabsicht auf andere zu sprechen kommt und dabei vielleicht ihre Fehler mehr beobachtend und verstehend bespricht, auf jeden Fall aber auch hier zu verstehen gibt, daß der Abwesende akzeptiert wird, woraus die Gesprächspartner Schlüsse auf das Verhältnis des Sprechenden zu ihnen selbst und auf sein Verhalten in ihrer Abwesenheit ziehen können.

(5) § 135: Die Inhalte solcher Gespräche (meist häusliche Angelegenheiten, Politik, Kunst, Wissenschaft) sind entsprechend der ersten und der zwei-

ten Forderung abzuhandeln, aber um zu einem Ergebnis zu kommen, muß man bei passender Gelegenheit das Gespräch wieder auf das Thema bringen. Allerdings muß man auch wissen, wann man aufzuhören hat, damit das Ziel der *delectatio* (Freude) bewahrt bleibt.

(6) § 136: Schließlich kommt Cicero noch auf die Beteiligung der Affekte im Gespräch und, zwar der Erregung und des Zorns beim Sprechenden. Seine Ausführungen dazu lassen sich in drei größere Abschnitte einteilen:

1. *Eiusmodi motibus sermo debet vacare:* ‚das Gespräch soll von derartigen Gemütsbewegungen frei sein.' Für diese Forderung gibt er zunächst zwei Begründungen:

(a) Reden ist Teil des Lebens, und auch das Leben soll leidenschaftliche Verwirrung (*pertubatio*) meiden (hierzu paßt Text 20, Senecas 40. Brief).

(b) Sonst kommen Zorn (*ira*), irgendeine Begierde (*cupiditas aliqua*), Trägheit (*pigritia*), Interesselosigkeit (*ignavia*) oder ähnliches (*tale aliquid*) zum Vorschein – alles Anzeichen dafür, daß der Sprecher ungeduldig, uninteressiert oder an ganz anderem als am Gesprächspartner und seinem Denken interessiert ist; das Gespräch wird dann zum Befehl, zur Deklamation oder was sonst. Wieder also zeigt Cicero, was das Wesen eines Gesprächs ist und wie dementsprechend die Anweisungen für ein Gespräch auszusehen haben.

Dies formuliert Cicero sodann auch noch positiv:

Maximeque curandum est, ut eos, quibuscum sermonem conferemus, et vereri et diligere videamur, ‚und vor allem (am meisten) muß man dafür sorgen, daß deutlich wird, daß wir Achtung und Interesse für die haben, mit denen wir ein Gespräch beginnen'. Hier ist die Grundbedingung allen Redens und Beeinflussens genannt. Was Ovid für das Liebeswerben als so naheliegend fordert und verdeutlicht (*ars amatoria* II 295–314, 657–662, Texte 2 und 3), wird von Cicero für jegliches Gespräch gefordert und ist Ausgangspunkt aller rhetorischen Theorie über die Beeinflussung, die den Hörer vom Mitfühlen über das Mitdenken zum (Mit-)Handeln bewegen will.

2. Danach richten sich auch die Anweisungen für solche Fälle, wo Zurechtweisungen (*obiurgationes*) notwendig scheinen und das heißt größere Schärfe der Stimme (*vocis contentio maior*), heftigerer Nachdruck der Worte (*verborum gravitas acrior*), ja sogar die Darstellung begründeten Zorns (*ut ea facere videamur irati*):

(a) Echter Zorn soll aber bei diesem *castigandi genus,* dieser Form der Zurechtweisung, fehlen, weil er richtiges (*recte*) und überlegtes (*considerate*) Handeln verhindert.

(b) In den meisten Fällen genügt eine Kombination von milder Zurechtweisung (*clemens castigatio*) und Ernst oder Nachdrücklichkeit (*gravitas*), die Strenge muß deutlich, Beleidigung muß vermieden werden (*et severitas adhibeatur et contumelia repellatur*). Es muß deutlich werden, daß man streng aus Liebe ist, mit Cicero: ‚daß man, was die Zurechtweisung an Schärfe hat, gerade um dessentwillen bewußt auf sich genommen (*susceptum*) hat, den man zurechtweist.' Dies ist ein sehr diskutabler Gesichtspunkt, gerade für Schüler und Lehrer.

3. Schließlich wird aber auch der Sprecher mit seinen Interessen berücksichtigt: ein Nachgeben gegenüber seinen eigenen Emotionen und deren Ausdruck in der Rede nimmt ihm die Würde (*gravitas*), die Einheit seiner Person (*constantia*) und die Zustimmung der Anwesenden (*probare*). Daraus ergibt sich:

(a) Auch unwürdige Schmähungen schärfster Gegner dürfen nicht in gleicher Weise erwidert werden.

(b) Selbstrühmung muß vermieden werden.

Beide Forderungen stehen in krassem Gegensatz zu dem, was in der Antike in öffentlicher Rede erlaubt war und was sich gerade Cicero, denkt man an die Rede *In Pisonem* (Texte 13 und 14), erlaubt hat. So fordert ein Vergleich der Forderungen aus *De officiis* und des Verhaltens in *In Pisonem* auch eine Diskussion darüber heraus, ob die Forderungen an die private Gesprächsführung nicht auch für die öffentliche Rede zu gelten haben oder ob man sie heute auf die öffentliche Rede überträgt.

In den Anweisungen Ciceros für die private Gesprächsführung kommen auf jeden Fall Selbsterkenntnis und Menschenkenntnis zusammen. Nach der Er-

Zusammenfassende Darstellung zu Cicero, de officiis 1,132–137

Einblick in Maximen privater Gesprächsführung, ihre Begründung und ihr Verhältnis zum Lebensstil.	Der Text ist geeignet, die Bedeutung der Rhetorik für den persönlichen Lebensstil und die Selbsterziehung zu zeigen, und enthält guten Diskussionsstoff für das Verhältnis der Schüler zu Kameraden, Eltern und Lehrern. Einige sprachliche Hilfen über das übliche Maß hinaus können, falls notwendig, die Lektüre erleichtern.
Kenntnis der Unterscheidung von öffentlicher und privater Rede.	§ 132: contentio und sermo. Rückverweis auf den Beginn der Reihe: Ovid, a.a. 1,459 ff.
Kenntnis einiger Kennzeichen öffentlicher Rede: disceptationes bei iudicia, contiones, senatus	Rückführung auf das genus iudiciale und deliberativum.
Kenntnis einiger Kennzeichen privater Gesprächsführung: circuli, disputationes, congressiones familiarum.	Rückverweis auf Ovid, a.a. 1,459 ff., 2,295 ff.
Kenntnis der Forderungen Ciceros an die private Gesprächsführung und Fähigkeit, diese Forderungen – aus den Erkenntnissen der Unterrichtsreihe zu begründen, – mit Beispielen zu verdeutlichen, – auf ihre Probleme hin zu untersuchen:	
(1) deutliche und angenehme Stimme;	§ 133, evtl. Verweis auf Sprechschulung.
(2) Gesprächsführung gelassen, nicht rechthaberisch; charmant;	sonst handelt es sich um kein privates Gespräch, wenigstens nicht im vollen Wortsinn.
(3) andere sollen nicht ausgeschlossen, Abwechslung soll zugelassen werden;	sonst Fachsimpelei und Mißachtung anderer Interessen.

(4) ernste Themen sind ernsthaft, heitere heiter zu behandeln;	sonst Mißachtung des Anliegens der Gesprächspartner; Verweis auf Cic. de or. 3,209 ff. mit der Forderung, causa und tempus zu berücksichtigen, sowie auf de or. 2,237–239.
(5) keine ehrabschneiderischen Äußerungen über Abwesende;	sonst zeigt sich ein Charakterfehler und der Gesprächspartner kann das Verhalten auch gegenüber seiner Person – bei Abwesenheit – befürchten.
(6) sanfte Rückführung auf ein Thema, damit auch ein Ergebnis zustandekommt; jedoch steht das Ziel des delectare höher;	sonst ist das Gespräch zu unverbindlich, § 135.
(7) keine Beteiligung von Erregung und Zorn;	§ 136; Gesprächsführung ist Dokumentation des Lebensstils; Erregung und Zorn bedeuten Ungeduld und Mißachtung des Gesprächspartners; dies ist mehrfach, sowohl positiv als auch negativ, formuliert. Vergleich mit Ovid, a.a. 2,295–314, 657–662 möglich.
(8) Zurechtweisungen sollen so erfolgen, daß der Zurechtgewiesene merkt, daß die Schärfe nur zu seinem Nutzen vom Sprecher angenommen wurde, keine Haltung oder Eigenart ist. Sie muß frei von Beleidigung sein;	sonst Mißachtung des Gegenübers statt Ernstnehmen seiner Persönlichkeit. Vergleich mit heutigen ,Textsorten'-Einteilungen, bei denen Tadel und Zurechtweisung nicht dem Gespräch, sondern einer ,Einweg-Kommunikation' zugewiesen werden. Suchen und Diskutieren von Beispielen aus Elternhaus und Schule.
(9) Nachgeben gegenüber eigenen Emotionen raubt die Würde (gravitas), die Einheit der Person (constantia) und die Zustimmung (probare) der Anwesenden.	Sprache wird als Ausdruck der Persönlichkeit deutlich und als Mittel und Dokumentation der Selbstzucht.
(10) Sogar unwürdige Schmähungen schlimmster Feinde darf man nicht auf gleiche Weise erwidern.	Sonst Verlust der eigenen Persönlichkeit. Weiteres vgl. zu (11).
(11) Selbstrühmung muß vermieden werden.	Sonst Mißachten der Gesprächspartner. Die Schüler können aufgefordert werden, Ciceros Maximen für die private Gesprächsführung mit seinem Verhalten in öffentlichen Reden zu vergleichen und zu überlegen, – ob sich darin die Unterschiede zwischen privatem und öffentlichem Sprechen zeigen – oder ob – zumindest heute – an öffentliches Sprechen z. T. ähnliche Forderungen gestellt werden wie an privates Sprechen.

kenntnis der Bedürfnisse des Angesprochenen muß man seine Rede einrichten. Reden ist aber auch Ausdruck der eigenen Persönlichkeit. Man verrät seine Persönlichkeit in der Rede, und ein achtungsvolles Eingehen auf den anderen und ein Vermeiden des Selbstverrats im Sinne einer Darstellung eigener schlechter Affekte hat eine eminent erzieherische und bildende Wirkung.

22. Cicero, orator 20–22 (Text 22)

Dieser Text nennt die drei Redestile, die die Antike unterschieden hat und unterscheidet Charakter und Wirkung: (1) *grandiloqui: cum ampla et sententiarum gravitate et maiestate verborum vehementes, varii, copiosi, graves;* Wirkung: *ad permovendos et convertendos animos instructi et parati.* – (2) *tenues acuti, subtili quadam et pressa oratione limati;* Wirkung: *omnia dicentes et dilucidiora, non ampliora facientes.* – (3) *interiectus ... medius et quasi temperatus nec acumine posteriorum nec fulmine utens superiorum, vicinus amborum, in neutro excellens, utriusque expers;* Wirkung: *uno tenore in dicendo fluit, nihil afferens praeter facultatem et aequalitatem, omnem orationem ornamentis modicis verborum sententiarumque distinguit.*
Die drei Redestile sind zwar schon aus einem Begleittext zu Text 16 bekannt, jetzt kann man aber auch ihre – behaupteten – Wirkungen kennenlernen. Sodann kann man für die drei Redestile Beispiele aus der bisherigen Lektüre beibringen und an ihnen die behaupteten Wirkungen bestätigt finden, für die *grandiloqui* etwa die Texte 13, 14, 19 C, für die *tenues acuti* etwa die Texte 6, 8, 10, für die *medii* etwa Text 19 D. – Damit wird auch das Verständnis des Schlußtextes (Text 25, Cicero, *de oratore* I 29–34) vorbereitet.
Die im Text genannten Wirkungen zeigen noch einmal in Ciceros Formulierung und in einer theoretischen Ausführung die weitreichenden Möglichkeiten der Redekunst. Insbesondere die Gefährlichkeit der Psychagogie, die dem *genus grande* zugeschrieben wird (*ad permovendos et convertendos animos instructi et parati*) kann nun erneut – (wie schon anläßlich des Textes 5 in dem Arbeitsauftrag 5 A 2) – auf die Frage der moralischen Haltung und auf die Verantwortung des Redners führen. Redekunst erweist sich als gefährliche Waffe, die den verantwortlichen und verantwortungsbewußten Redner verlangt.

23. Cicero, orator 69–70 (Text 23)

Dieser Text behandelt die drei Aufgaben des Redners, die bereits in Text 22 genannt wurden, fügt ihnen aber Ausführungen zum Angemessenen hinzu, das schon in den Texten 16 und 20 behandelt wurde. Der Text unterscheidet sich jedoch von den Texten 16 und 20 insofern, als die Frage des *decorum* jetzt auch mit dem Problem des rechten Handelns verbunden wird und so auf die Thematik der Texte 24–25 überleitet. Text 23 kann ausgelassen werden, wenn Text 16 oder Text 20 gelesen worden sind. Wird er gelesen, so kann er wie Text 16 mit den Erfahrungen aus der Behandlung früherer Texte konfrontiert und somit zur Sicherung der Kenntnisse verwendet werden.
In der Textausgabe ist nur der Anfang des Abschnittes, also die Paragraphen 69–70, abgedruckt. Als Begleittext gegebene Informationen fassen Gedan-

ken aus Cicero, *de oratore* 1,82–90 und 1,20–21 zusammen. Diese Ausführungen sind notwendig, damit der Schüler, ohne sich mit den sprachlich sehr komplizierten Passagen beschäftigen zu müssen, einen Einblick in die ethische Problematik der Redekunst, in Ciceros Forderungen an den vollkommenen Redner sowie in die heute erst recht bestehende Schwierigkeit, sie zu erfüllen, gewinnt.

24. Cicero, orator 117–120 (Text 24)

Dieser Text zeigt, was Cicero an Machbarem vom politischen Redner fordert. Er stellt einen Bildungs- oder Fächerkanon auf, der inhaltliche Kenntnisse und formale Fähigkeiten nennt. Sie sind zum größten Teil auch heute noch Inhalt gymnasialer Bildung, waren es vielleicht früher noch mehr. Daß hier der Lateinunterricht mit seinen Inhalten und mit dem Ziel auch der formalen Bildung, Leistungen vorzeigen kann, sei erwähnt.
Die geforderten Kenntnisse und Fähigkeiten sind im einzelnen:
(1) Fähigkeit, einen Sachverhalt allgemeinverständlich zu definieren. – (2) Fähigkeit zur Gliederung des Gegenstands und der Rede darüber. – (3) Kenntnis aller Themen der Philosophie. – (4) Fähigkeit, ein Thema auszuwählen, das bedeutend ist und die Erwartungen der Hörer erfüllt. – (5) Kenntnis der Naturphilosophie (die hier von den anderen Bereichen der Philosophie getrennt wird). – (6) Kenntnis der zivilen Gesetzgebung. – (7) Historische Kenntnisse (sowohl im Bereich der National- wie der Universalgeschichte).
Der Text bietet nur einen Ausschnitt aus allen Forderungen Ciceros, jedoch sind die sprachlich-stilistischen Forderungen bereits bekannt.

25. Cicero, de oratore 1,29–34 (Text 25)

Was am Beginn der Crassusrede steht, kann den Schluß der Rhetorikreihe bilden, wenn sie nicht – bei frühem Einsatz – schon mit Text 21 oder Text 19 geendet hat. Nach aller Arbeit am Thema Rhetorik wird der Hymnus an die Rhetorik verständlich und kann mit Rückblicken und Nennung von Beispielen verbunden werden.
Cicero zeigt in seiner (bei frühem Einsatz mit Hilfen lesbaren) Darstellung die Bedeutung, die Crassus und er selbst der Rede zuschreiben. Sie liegt in ihren Ursachen und in ihren Wirkungen. Nach einer Einleitung, in der die Macht der Rede verdeutlicht wird, werden all diese Ursachen und Wirkungen aufgezählt.
Die Einleitung (§ 30) stellt als besondere Wirkung der Rede die Menschenführung und Psychagogie heraus:

– *tenere hominum coetus* (‚die Versammlungen der Menschen beherrschen')
– *mentes adlicere* (‚die Herzen anlocken')
– *voluntates impellere, quo velit* (‚die Einstellungen hinführen, wohin man will')
– *unde autem velit, deducere* (‚von wo man aber will, wegführen').

Von dieser Grundtatsache ausgehend werden die Ursachen und Wirkungen verdeutlicht:

(1) Rede ist Ausdruck der Meinung vieler und als solche bewundernswert (*admirabile*).

(2) Rede bereitet seelisch-geistigen, ästhetischen Genuß und ist freudebringend (*iucundum*).

(3) Rede ist einflußreich (*potens, magnificum*) und wirkungsvoll, wirkt auf die Massen aller Art: *populi motus, iudicum religiones, senatus gravitatem:* Menge und Eigenschaften dieser Gruppen gleicht der eine, der diesen Gruppen gegenübertritt, durch die Rede aus (*unius oratione converti*).

(4) Rede ist persönlich notwendig als Waffe (*tenere arma, quibus ...*) zum Schutz (*vel tectus ipse possis*), zum risikolosen Angriff (*vel provocare integer*), zum Vergeltungsschlag (*vel te ulcisci lacessitus*).

(5) Rede ist erquickend und menschengemäß, zumal als *sermo facetus, nulla in re rudis* (als ‚geistreiches, in keinem Punkt ungebildetes Gespräch'): *iucundius, proprium humanitatis.* Daß ohne Gespräch Glückseligkeit nicht möglich ist und die Kommunikation alle anderen Güter übertrifft, betont Cicero immer wieder in seinen Werken.

(6) Reden unterscheidet den Menschen vom Tier.

(7) Reden ist als das menschliche proprium besonders zu pflegen und auszubilden (das Prooemium zu Sallusts *Catilinae coniuratio* läßt sich vergleichen).

(8) Reden hat staatsbildende Kraft: Wie an vielen anderen Stellen sieht Cicero auch hier offenbar das Reden als Weg an, die Übereinstimmung von dem, was Recht ist (*consensus iuris*), und das Erkennen gemeinsamen Nutzens (*communio utilitatis*) herzustellen. Die Staatsdefinition oder Staatsvolkdefinition (*de re publica* I 39) und die Bedeutung der in der Textreihe behandelten Reden für staatliches Leben werden so deutlich.

Alle von Cicero geschilderten Wirkungen zusammen bestätigen, was das Thema des Kurses gewesen sein kann: Redekunst ist Lebenskunst.

LITERATURHINWEISE

1. Gesamtdarstellungen, Handbücher, Forschungsberichte

(1) Clark, M. L.: Rhetoric at Rome, New York 1963; deutsch: Die Rhetorik bei den Römern, Göttingen 1968.
(2) Eisenhut, W.: Einführung in die antike Rhetorik und ihre Geschichte, Darmstadt 1977.
(3) Geißner, H.: Rhetorik, München 1973.
(4) Hommel, H.: Rhetorik, in: Lexikon der Alten Welt, Zürich/Stuttgart 1965, Sp. 2611–2626.
(5) Kennedy, G.: The Art of Rhetoric in the Roman World 300 B. C. – A. D. 300, Princeton N. J. 1972.
(6) Lausberg, H.: Handbuch der literarischen Rhetorik, 2 Bde., München 1960.
(7) Lausberg, H.: Elemente der literarischen Rhetorik, München ^{3}1967.
(8) Marrou, H.-I.: Geschichte der Erziehung im klassischen Altertum, hrsg. von R. Harder, Freiburg/München 1957.
(9) Martin, J.: Antike Rhetorik. Technik und Methode, München 1974.
(10) Rahn, J.: Die rhetorische Kultur der Antike, in: Der altsprachliche Unterricht X/2 (1967), S. 23–49.
(11) Schottlaender, R.: Der römische Redner und sein Publikum, in: Wiener Studien 80 (1967), S. 125–146.

(12) Kennedy, G.: The Present State of the Study of Ancient Rhetoric, in: Classical Philology 70 (1975), S. 278–282.
(13) Rayment, Ch. S.: A Current Survey of Ancient Rhetoric, in: The Classical World Bibliography of Philosophy, Religion, and Rhetoric. With a new introduction by Walter Donlan, New York/London 1978, S. 371–383.
(14) Rayment, Ch. S.: Ancient Rhetorik (1957–1963), in: The Classical World Bibliography (s. Nr. 13), S. 385–396.
(15) Voit, L.: Neuere Arbeiten zur antiken Rhetorik 1958–1960, in: Gymnasium 70 (1963), S. 369–375.

2. Zur Rhetorik im Lateinunterricht

(16) Beyer, K.: Die Analyse kommunkativen Geschehens. Eine lernzielorientierte Unterrichtsreihe in einer Klasse 11, in: Der altsprachliche Unterricht XVIII/3 (1975), S. 21–32.
(17) Daheim, J.: Einführung in die Rhetorik an Texten aus dem ‚Neuen Testament', in: Der altsprachliche Unterricht XXII/3 (1979), S. 94–100.
(18) Heupel, C.: Das Wort als Waffe: Die politische Rede bei den Römern, in: Der altsprachliche Unterricht XVIII/4 (1975), S. 29–40.
(19) Morlang, W.: Zur Beschäftigung mit der Rhetorik im Lateinunterricht. Das Verhältnis von Redner und Zuhörern am Anfang der Caesar-Rede und der Cato-Rede (Sallust: de coniuratione Catilinae 51,2–8 und 52,2–10), in: Anregung 17 (1971), S. 227–232.
(20) Neumann, M.: ΣΥΜΒΟΛΟΝ ΠΑΙΔΕΥΣΕΩΣ. Der Unterricht in den alten Sprachen und die Lektüre der antiken Redner in Europa, in: Der altsprachliche Unterricht X/2 (1967), S. 5–22.
(21) Zink, N.: Orator Perfectus. Ciceroreden (am Beispiel der Ligariana) und die rhetorische Theorie, in: Der altsprachliche Unterricht XI/4 (1968), S. 25–46.

3. Zu einzelnen Texten dieser Ausgabe

3.1 Zu T 1–4 (Ovid, ars amatoria und remedia amoris)

(22) P. Ovidi Nasonis: De arte amatoria libri tres. Erklärt von P. Brandt, Leipzig 1902.
(23) Ovid, Die Liebeskunst. Übertragung, Nachwort, Zeittafel, Anmerkungen und bibliographische Hinweise von M. von Albrecht, München 1979.

(24) Ovid, Heilmittel gegen die Liebe. Die Pflege des weiblichen Gesichtes. Lateinisch und deutsch von F. W. Lenz, Darmstadt ²1969.
(25) Pridik, K.-H.: Bibliographie zu den Carmina amatoria (1936–1968), in: Zinn, E. (Hrsg.): Ovids Ars amatoria und Remedia amoris. Untersuchung zum Aufbau: Der altsprachliche Unterricht, Beiheft 2 zu Reihe XIII, Stuttgart 1970, S. 110–116.

3.2 Zu T 5 und 8 (Terenz, Adelphoe)

(26) P. Terentius Afer: Adelphoe. Die Brüder. Lateinisch und deutsch. Übersetzt, erläutert und mit einem Nachwort hrsg. von H. Rädle, Stuttgart 1977.

3.3 Zu T 6 (Catull)

(27) Catull: Sämtliche Gedichte. Lateinisch und deutsch. Herausgegeben und übersetzt von O. Weinreich, München 1974.
(28) Glücklich, H.-J.: Catulls Gedichte im Unterricht, Göttingen 1980, ²1990.

3.4 Zu T 7 (Corpus Glossariorum Latinorum III, S. 657)

(29) Friedländer, L./Wissowa, G.: Darstellungen aus der Sittengeschichte Roms in der Zeit von August bis zum Ausgang der Antonine, Leipzig ⁹1910, Bd. I, S. 164 f.

3.5 Zu T 9, 10, 11 (Metellus, Gracchus, Titius)

(30) Oratorum Romanorum Fragmenta liberae rei publicae. Iteratis curis recensuit collegit Henrica Malcovati, Turin 1955.
(31) Res puplica. Texte zur Krise der frührömischen Tradition. Lateinisch/Griechisch und deutsch. Ausgewählt, übersetzt und erläutert von R. Till, Zürich/München 1976, bes. S. 320, 366 f., 376.

3.6 Zu T 12 (Caesar)

(32) Glücklich, H.-J.: Rhetorik und Führungsqualität – Feldherrnreden Caesars und Curios, in: Der altsprachliche Unterricht XVIII/3 (1975), S. 33–64.

3.7 Zu T 13–14 (Cicero, In Pisonem)

(33) M. Tulli Ciceronis In L. Calpurnium Pisonem Oratio. Edited with Text, Introduction, and Commentary by R. G. M. Nisbet, Oxford 1961.
(34) Cicero: Staatsreden. Lateinisch und deutsch. Ed. H. Kasten, Zweiter Teil, Berlin ³1977.

3.8 Zu T 15 (Sallust, Invektive)

(35) C. Sallustius Crispus: Invektive und Episteln. Herausgegeben, übersetzt und kommentiert von K. Vretska. Bd. 1: Einleitung, Text und Übersetzung; Bd. 2: Kommentar, Wortindex zur Invektive, Heidelberg 1961.

3.9 Zu T 16, 18, 22–25 (Cicero, De oratore und Orator)

(36) M. Tulli Ciceronis orator. Erkl. von W. Kroll, Berlin 1913.
(37) M. Tullius Cicero: Orator. Lateinisch-deutsch. Ed. B. Kytzler, München 1975.
(38) Marcus Tullius Cicero: De oratore. Über den Redner. Lateinisch und deutsch. Übersetzt von H. Merklin, Stuttgart 1976.
(39) Barwick, H.: Das rednerische Bildungsideal Ciceros, Leipzig 1963.
(40) Burck, E.: Ciceros rhetorische Schriften, in: Der altsprachliche Unterricht IX/1 (1966), S. 98–128.
(41) Ciulei, G.: Die juristische Eloquenz im Werke Ciceros, in: Altertum 9 (1963), S. 205–213.
(42) Hinks, D. A. G.: Tria genera causarum, in: Classical Quarterly 30 (1936), S. 170–176.
(43) Kytzler, B. (Hrsg.): Ciceros literarische Leistung, Darmstadt 1973.
(44) Michel, A.: Rhétorique et philosophie chez Cicéron, Paris 1961.
(45) Quadelbauer, F.: Die genera dicendi bis auf Plinius d. J., in: Wiener Studien 71 (1958), S. 55–111.
(46) Schulte, H. K.: Orator. Untersuchungen über das ciceronianische Bildungsideal, Frankfurt a. M. 1935.
(47) Seel, O.: Cicero. Wort – Staat – Welt, Stuttgart ³1968.

3.10 Zu T 17 und 19 (Auctor ad Herennium)

(48) Incerti auctoris de ratione dicendi ad C. Herennium libri IV. Ed. F. Marx, Leipzig 1904; ed. minor mit Addenda von W. Trillitzsch, Leipzig 1964.

3.11 Zu T 20 (Seneca, Ad Lucilium)

(49) L. Annaeus Seneca: Ad Lucilium Epistulae Morales I–LXIX. An Lucilius Briefe über Ethik 1–69. Übersetzt, eingeleitet und mit Anmerkungen versehen von Manfred Rosenbach, Darmstadt 1974.

(50) Seneca: Briefe an Lucilius. Gesamtausgabe I (Briefe 1–80). Neu übersetzt und mit Erläuterungen sowie einem Essay ‚Zum Verständnis des Werkes' hrsg. von E. Glaser-Gerhard, Reinbek 1965.

3.12 Zu T 21 (Cicero, De officiis)

(51) Marcus Tullius Cicero. De officiis. Vom pflichtgemäßen Handeln. Lateinisch und deutsch. Übersetzt, kommentiert und herausgegeben von H. Gunermann, Stuttgart 1976.

(52) H.-J. Glücklich: Ciceros ‚De officiis' im Unterricht, in: Der altsprachliche Unterricht XXI/2 (1978), S. 20–44.

Ergänzungen zu den Literaturhinweisen

2. Zur Rhetorik im Lateinunterricht

Glücklich, H.-J.: Rhetorik – Unterrichtsmethode und Unterrichtsgegenstand (im Deutsch- und Lateinunterricht), in: W. Haubrichs (Hg.): Perspektiven der Rhetorik. Zeitschrift für Linguistik und Literaturwissenschaft, H. 43/44, 1981, 90–109.

Jelić, V.: Rhetorik im Schulwesen Jugoslawiens, in: Der altsprachliche Unterricht 32,3, 1989, 27–30.

Michel, A.: La rhétorique dans la société et dans l'éducation moderne, in: Der altsprachliche Unterricht 32,3, 1989, 6–14.

Sega, G.: La scuola degli argomenti e delle figure, in: Der altsprachliche Unterricht 32,3, 1989, 15–26.

Zink, N.: Rhetorik – Beredsamkeit. Cicero Pro Ligario, Frankfurt am Main 1983.

3. Zu einzelnen Texten dieser Ausgabe

3.1 Zu T 1–4 (Ovid, ars amatoria und remedia amoris)

Fink, G. – Niemann, K.-H.: Ovids ‚Ars amatoria' im Unterricht, Göttingen 1983 (Consilia. Lehrerkommentare H. 5).

3.2 Zu T 5 und 8 (Terenz, Adelphoe)

Glücklich, H.-J.: Interpretationen und Unterrichtsvorschläge zu den ‚Adelphoe' des Terenz, Göttingen 1987 (Consilia. Lehrerkommentare H. 10).

3.6 Zu T 12 (Caesar)

Mensching, E.: Caesars Bellum Gallicum. Eine Einführung, Frankfurt am Main 1988 (S. 55–62: Reden).

3.7 Zu T 13–14 (Cicero, In Pisonem)

Marcus Tullius Cicero: Sämtliche Reden, eingel., übers. u. erl. von M. Fuhrmann, Zürich/München 1978 ff.

C. J. Classen: Recht, Rhetorik, Politik – Untersuchungen zu Ciceros rhetorischer Strategie, Darmstadt 1985.

Reischmann, H.-J.: Rhetorische Techniken der Diffamierungskunst – dargestellt an Ciceros Invektive ‚In Pisonem', in: Der altsprachliche Unterricht 29,2, 1986, 57–64.